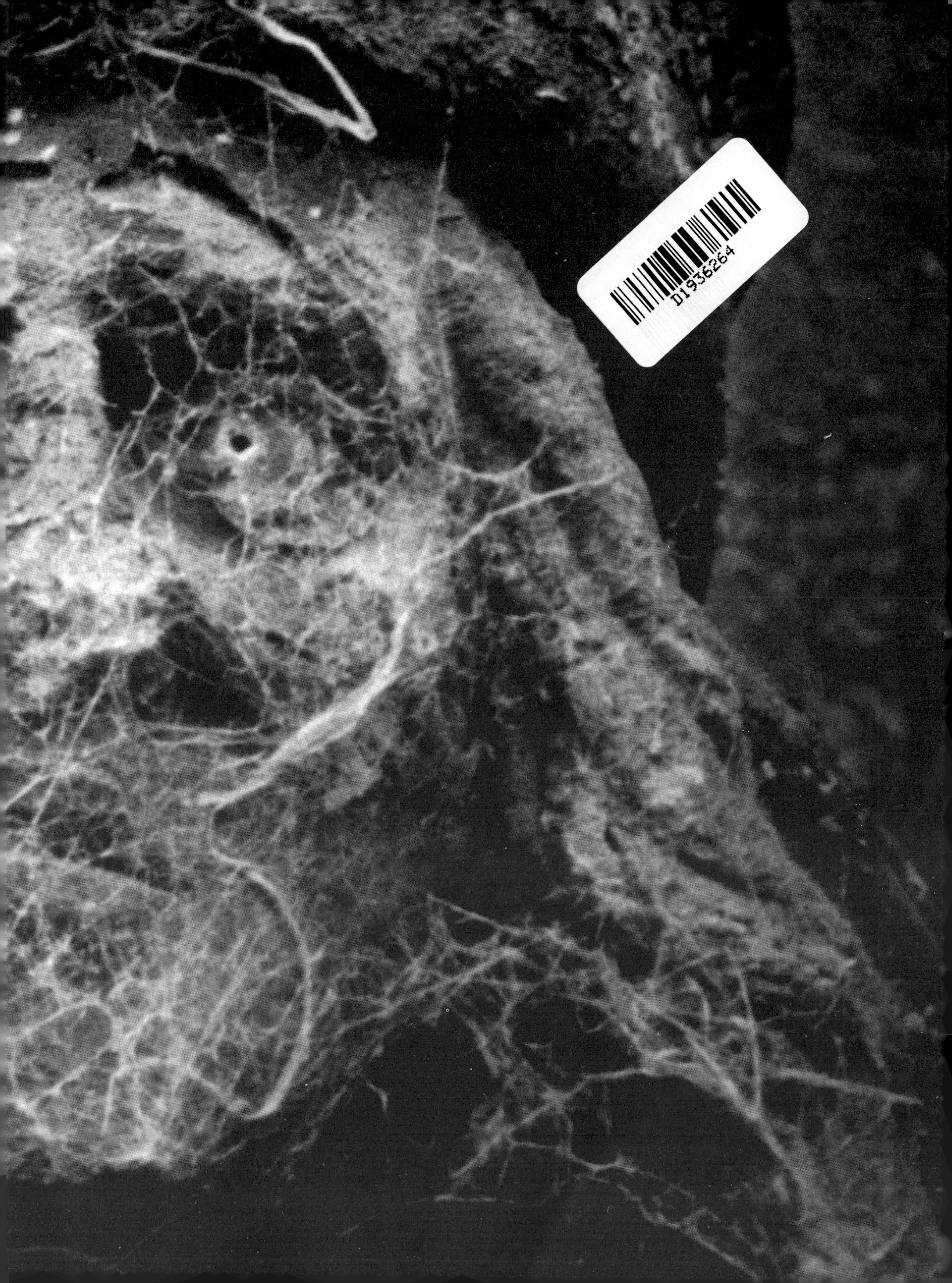

IM REICH DER GEISTER

Simon Marsden

IM REICH DER GEISTER

Eine Reise zu mysteriösen Orten auf den Britischen Inseln

Eulen Verlag

Für Cassie,
deren Schwung nie schwand

Vorsatz: Skulptur, Toddington Manor
Schmutztitel (S. 1): Satyr, Teufelstor (‚Devil Gates'),
Glamis Castle
Frontispiz (S. 2): Ausschnitt einer Statue auf Belvoir Castle

Aus dem Englischen von Wendelinus Wurth

Sonderausgabe 1995

Harald Gläser, Freiburg i. Brsg., Wilhelmstraße 18
Gestaltung: Vic Giolitto
Schutzumschlag: Bernhard Kunkler
Herstellung: Franz X. Stückle, Ettenheim
ISBN 3-89102-258-1

Inhalt

Einleitung 6

Baldoon Castle 11
Wigtownshire, Schottland

Seaforth House 13
County Sligo, Irland

Tintern Abbey 17
County Wexford, Irland

Loch Rannoch 18
Rannoch Moor, Perthshire, Schottland

Plas Teg 20
Clwyd, Wales

Charlton House 25
Greenwich, London

Der Druidenaltar 26
County Cork, Irland

Ballintore Castle 28
Angus, Schottland

Trollers Gill 30
Yorkshire, England

Castle Stalker 32
Argyllshire, Schottland

Killua Castle 33
County Westmeath, Irland

St. Katherine's Nunnery 36
County Limerick, Irland

Harlaxton Manor 39
Lincolnshire, England

Gight Castle 42
Aberdeenshire, Schottland

Bodmin Moor 44
Cornwall, England

Athcarne Castle 48
County Meath, Irland

Friedhof St. Peter 50
Drogheda, County Meath, Irland

Craig Hall 52
Perthshire, Schottland

Oldstone Hall 56
Devon, England

13 Henrietta Street 58
Dublin, Irland

Julian's Bower 61
Alkborough, Lincolnshire, England

Thirlestane Castle 62
Berwickshire, England

Skyrne Castle 64
County Meath, Irland

Jeremy Bentham 66
University College, London

Sopwell Castle 67
County Tipperary, Irland

Glamis Castle 68
Angus, Schottland

Castle Daly 71
County Galway, Irland

Friedhof in Boleskine 72
Loch Ness, Schottland

Culverthorpe Hall 74
Lincolnshire, England

Thirlwall Castle 77
Northumberland, England

Der Totenschädel des Theophilus Brome 79
Higher Farm, Chilton Cantelo, Somerset, England

Clonony Castle 80
County Offaly, Irland

Inverary Castle 82
Argyllshire, Schottland

Ham House 85
Richmond, London

Die Meerjungfrau von Zennor 88
Cornwall, England

Allerton Park 91
Yorkshire, England

Westminster Abbey 92
London, England

Bowes Station 94
Durham, England

Lissadell House 97
County Sligo, Irland

Burton Constable Hall 98
Yorkshire, England

Bodiam Castle 101
Sussex, England

Ballaghmore Castle 102
County Tipperary, Irland

Castleboro House 104
County Wexford, Irland

Die Hexen von Belvoir Castle 106
Leicestershire, England

Duntulm Castle 109
Isle of Skye, Schottland

Elton Hall 110
Cambridgeshire, England

Leap Castle 113
County Offaly, Irland

Cleopatra's Needle 116
Victoria Embankment, London

Newark Park 118
Gloucestershire, England

Castlelyons 121
County Cork, Irland

Toddington Manor 125
Gloucestershire, England

Danksagung 128

Einleitung

> Ebendieselbe Unwissenheit macht auch, daß ich mich nicht unterstehe, so gänzlich alle Wahrheit an den mancherlei Geistererzählungen abzuleugnen, doch mit dem gewöhnlichen, obgleich wunderlichen Vorbehalt, eine jede einzelne derselben in Zweifel zu ziehen, allen zusammengenommen aber einigen Glauben beizumessen.
>
> *Träume eines Geistersehers*
> *Immanuel Kant (1724 – 1804)*

Eines Abends im Sommer 1988 trank ich in einem Londoner Club ein Gläschen mit einem alten Freund. Ich war gerade dabei, ihm eine meiner Lieblingsgeschichten aus diesem Buch zu erzählen, als wir von einem jungen Mann unterbrochen wurden, der gleich neben uns an der Theke stand und fragte, ob wir eine Geschichte hören wollten – die Geschichte eines ungewöhnlichen und erschreckenden Ereignisses, das ihm widerfahren sei. Er hatte nach seinem Universitätsabschluß ein Jahr lang für eine Minengesellschaft in Indonesien gearbeitet und sich bei den dort ansässigen Bergmännern unbeliebt gemacht, als er sich in einen Streit über ihre Arbeitsbedingungen einmischte. Daraufhin waren er und ein weiterer leitender Angestellter der Minengesellschaft von einem heiligen Mann oder von einem Medizinmann verflucht worden, aber seinerzeit hatte sich keiner der beiden darum gekümmert. Monate später, als er bereits wieder ins heimatliche England zurückgekehrt war, schreckte der junge Mann eines Nachts aus dem Schlaf und sah einen grauenhaften Dämonen in seinem Schlafzimmer. Seiner Beschreibung zufolge war dieser Geist halb Mensch, halb Tier – sehr klein mit überaus häßlichem Gesicht. Die grauenvolle Gestalt erschien ihm noch häufiger, einmal sogar bei hellem Tageslicht, und so sah er sich gezwungen, einen Arzt aufzusuchen – er fürchtete, wahnsinnig zu werden. Natürlich war die Erscheinung für ihn sehr real; und da ihm zur Zeit jener Heimsuchungen einiges Unglück zustieß, weiß er bis heute nicht, was ihm damals wirklich widerfahren war. Später erfuhr er, daß sein damaliger Kollege just zu jener Zeit, als der Dämon ihm zum ersten Mal erschienen war, bei einem Segelunfall ums Leben gekommen war.

Diese Geschichte, die so aufrichtig und glaubhaft erzählt wurde, überraschte und beängstigte mich natürlich schon ein wenig – aber andererseits hatte ich mich in meinen fünfzehn Forscherjahren auf den Spuren des Übernatürlichen schon häufig als Zuhörer solcher Berichte wiedergefunden. Bei allen Dingen, die mit dem Übersinnlichen in Beziehung stehen, versuche ich zwar, mir eine vorurteilsfreie Sicht zu bewahren, aber gelegentlich übermannt mich doch die Spottlust. Dann tue ich derlei Geschichten zunächst einmal als allzu phantastisch ab – so auch in diesem Fall. Als ich jedoch ein paar Stunden später den Club verließ und in den dunklen, klaren Nachthimmel starrte, überkam mich dasselbe Gefühl von Erstaunen und Bescheidenheit, das ich als Kind gehabt hatte – damals, als ich zu verstehen suchte, daß jeder winzige Stern in Wirklichkeit eine lodernde Sonne ist, und daß unsere Mutter Erde im Vergleich dazu allenfalls die Größe eines Staubkörnchens hat. Darum sah ich die Geschichte des jungen Mannes in einem anderen Licht, als ich endlich in meinem Bett lag.

Es war nie mein persönliches Bestreben gewesen, den Beweis zu erbringen, daß Geister oder irgendwelche andere Arten unerklärbarer Erscheinungen tatsächlich existieren. Ich sehe mich lieber als unabhängigen Folkloristen, der die Erfahrungen und Geschichten jener Menschen sammelt und aufzeichnet, die ihrerseits mit derlei Ereignissen in Berührung gekommen sind. In einer Welt, die durch den unerbittlichen Vormarsch der Wissenschaft und Technik täglich ärmer an Geheimnissen wird, kann ich so vielleicht dazu beitragen, daß die Vorstellungskraft ein klein wenig angeregt und wieder in ihr Recht gesetzt wird. Wenn wir fragen, was sich hinter dem Schleier der Alltagsrealität verbirgt, oder wenn wir uns auf die Suche nach Gründen für derlei „Aberglauben" begeben, so sollten wir niemals Angst haben, uns lächerlich zu machen. Vielleicht muß man ja sogar ein ganz klein wenig verrückt sein, um in einer Gesellschaft wie der unseren bestehen zu können.

> Da kam mich Furcht und Zittern an, und all mein Gebein erschrak. Und da der Geist an mir vorüberging, stunden mir die Haar zu Berge an meinem Leibe. Da stund ein Bild vor meinen Augen, und ich kannte seine Gestalt nicht.
>
> *Das Buch Hiob, 4,14 – 16*

Meine eigenen Begegnungen mit dem Übernatürlichen kamen meist völlig unerwartet und waren weniger erschreckend, als ich mir das vielleicht vorgestellt hätte – obgleich mich einige frühe Erfahrungen mit Hexerei und mit Erdkräften bei den „Rollright Stones" in Oxfordshire seinerzeit doch sehr stark berührt hatten. Einige noch nicht so weit zurückliegende, vielleicht auch nicht gar so beunruhigende Geschehnisse ähnlicher Art finden sich auch in diesem Buch (Ballintore Castle, Seite 28; Craig Hall, Seite 52). Da ich in alten, weitläufigen Spukhäusern aufgewachsen bin – in ganz ähnlichen Gebäuden, wie sie auf den folgenden Seiten beschrieben werden –, kann ich ehrlich sagen, daß ich mich nicht allzu oft fürchte, wenn ich solche Orte aufsuche; eher fühle ich mich auf eine seltsame Weise geborgen und gleichzeitig angeregt. Vielleicht weckt diese ganze Stimmung Erinnerungen an jene glückliche Zeit meiner Kindheit, als ich oft mutterseelenallein auf solchen großen Anwesen gespielt hatte.

Woran denken wir, wenn das Wort „Geist" erwähnt wird? An den Geist eines toten Menschen, an seine Seele?

Waldland bei Athcarne Castle

An den erhabenen, nicht aber notwendigerweise gleich unheimlichen Gehalt einer Sache oder eines Ortes? Oder an eine spukhafte Erscheinung unbestimmter Art? All diese Antworten sind möglich – viel schwieriger aber wird es, der Frage auf den Grund zu gehen, wann es in einem bestimmten Haus oder in einer Gegend „spukt". Hier sind meine zwei persönlichen Lieblingserklärungen: Die erstere ist als die „Imprägnationstheorie" bekannt und wurde in jüngerer Zeit in wissenschaftlichen Kreisen ausführlich erörtert. Sie geht von der Hypothese aus, daß unbelebte Gegenstände aus Stein oder Holz, wie sie in altertümlichen Gebäuden leicht zu finden sind, ihr eigenes elektrisches Schwingungsfeld aufweisen, und daß besonders starke menschliche Gefühlsäußerungen wie Furcht, Haß oder Leid in diese Felder „eingeprägt" werden können. Kommt nun ein besonders „empfänglicher" Mensch mit einem solchen Gegenstand in Berührung, kann es zu einer Wiedergabe, einer „Abspielung" der Aufzeichnung kommen. Die zahlreichen Holzbalken aus alten Segelschiffen, die die Decken von Plas Teg (Seite 20) stützen, mögen etwas zu tun haben mit der unerklärlich hohen Rate von Selbstmorden und mit anderen übernatürlichen Vorkommnissen an jenem Ort. Und die zerbröckelnden Steine der Keller von Newark Park (Seite 118) haben möglicherweise einige der traurigen und einsamen Gefühle jener alten Menschen eingefangen, die zum Sterben dorthin geschickt wurden.

Die zweite, gar nicht so weit davon entfernte Theorie besagt, daß es eine Art von „Erdkraft" oder Urenergie gibt, die ihren Ursprung unterhalb der Erdkruste hat und von Kraftlinien weitergeleitet und ausgestrahlt wird – von sehr alten Verbindungspfaden, die Steinkreise, Dolmen, Grabkammern, Kirchen, Quellen und andere „heilige Orte" miteinander verbinden. Und genau dort, wo sich diese Pfade kreuzen, wurde eine ungewöhnliche Häufung von paranormalen Phänomenen beobachtet (siehe Leap Castle, Seite 113, und den Druidenaltar, Seite 26). Es heißt, daß diese Kraftlinien nicht nur von unseren Vorfahren wahrgenommen wurden, sondern auch Auswirkungen auf Tiere und Pflanzen haben – deren ungewöhnliches Verhalten in der Nähe dieser Pfade die Theorie zu bestätigen scheint. Unsere Ahnen bemerkten auch, daß diese Urkraft von Sonne, Mond und Sternen beeinflußt wurde, und sie richteten ihre religiösen und kultischen Zeremonien gemäß ihrer astronomischen Bedeutung aus. Leider existieren viele dieser Heiligtümer mittlerweile nur noch als Ruinen oder wurden ganz zerstört, aber hinter jenem komplizierten und unsichtbaren Muster verbirgt sich ein vorgeschichtliches Wissen, das wir zu unserem eigenen Schaden ignorieren.

Ich selbst fand das Gewicht der Beweise, die die Existenz von Geistern und anderen übersinnlichen Erscheinungen umgeben, schlichtweg überwältigend. Gerade die

Wiederkehr bestimmter Motive in der Vielfalt der Überlieferungen und Berichte hat mich schon immer beeindruckt; so zum Beispiel die Theorie der „Zeitlöcher", die es uns ermöglichen, Visionen sowohl der Vergangenheit als auch der Zukunft zu erhaschen und die Geister der Toten (aber auch geisterähnliche Erscheinungen von Lebenden) wahrzunehmen. Eine weitere, immer wiederkehrende Geschichte berichtet uns davon, wie ein Mensch plötzlich und unerwartet in der Fremde stirbt, und wie genau im Augenblick seines Todes ein Verwandter oder Freund den Geist dieses Menschen sieht. Eine mögliche Erklärung für dieses Phänomen könnte darin bestehen, daß jener Unglückliche auf seinen plötzlichen Tod geistig nicht vorbereitet war, und daß sein Geist verzweifelt die Sicherheit einer vertrauten Umgebung suchte.

Schon aus Platzgründen ist es hier nicht möglich, noch weitere Arten von übernatürlichen Kräften zu erörtern, beispielsweise Phänomene wie Poltergeister oder Hexerei. Auf einen für mich ganz besonders faszinierenden Punkt möchte ich aber doch noch hinweisen: auf die überwältigend positive Anteilnahme, die ich erfuhr, wann immer ich solche vermeintlichen Spukorte erforscht und fotografiert habe. Oft fühle ich, daß meine teilnahmsvolle Anwesenheit als Katalysator wirkt und eine Fülle an übernatürlichen Erfahrungen freisetzt, die von den Leuten aus verschiedenen Gründen verdrängt worden waren – sei es aus Angst, sich vor anderen lächerlich zu machen, sei es ob der Unzulänglichkeit des menschlichen Verstandes, derlei ungewöhnliche und bislang unbekannte Informationen aufzunehmen und zu verarbeiten. Und es ist faszinierend, die überwältigende Erleichterung zu spüren, die durch die endlich erfolgte Enthüllung dieser tiefen und persönlichen Geheimnisse ausgelöst wird.

Schrecklich ist es, nicht mehr zu sein,
Oder nach dem Tod einherzuwandeln;
Nach Geister Art des Tags versteckt zu gehn
Und wenn die Nacht kommt auf Pfaden zu gleiten,
Die zu Gräbern führen; und in der stillen Gruft
Über dem eig'n bleichen Leichentuch zu schweben
Im Versuch, mit deinem verbot'nen Körper
zu verschmelzen.

John Dryden (1631 – 1700)

Von Zeit zu Zeit muß jeder von uns über den unausweichlichen eigenen Tod sinnieren, so sehr man auch diese Gewißheit von sich wegschieben mag. Für unsere beschränkte menschliche Intelligenz ist es unmöglich, ganz zu begreifen, daß unsere vormals blühend gesunden Körper eines Tages nichts weiter sein werden als ein Häufchen Staub – Staub, aus dem wir einst hervorgegangen waren. Wir dürfen deshalb sagen, daß wir zwangsläufig mit unserem Bewußtsein nur zum jeweiligen Zeitpunkt existieren und nicht an den Endpunkten. Dieser Mechanismus der Selbsterhaltung gibt uns das Vertrauen zu leben, ohne beständig Todesangst spüren zu müssen. Viele Kulturen auf der ganzen Welt glauben an die Wiedergeburt und an die Theorie, daß der Mensch viele Male und in vielfältiger Form wiederkehrt, bevor er schließlich ein erhabenes Stadium der Harmonie mit der Seele des Weltalls erreicht. Natürlich könnte man auch unterstellen, daß der alte und immer noch aktuelle Glaube an die Wiederkehr der Seele in Form eines Geistes oder eines anderen übersinnlichen Gebildes ein Ergebnis der Unfähigkeit des Menschen ist, die Endgültigkeit seines Sterbens anzuerkennen. Ebenso ließen sich diese geisterhaften Heimsuchungen als Produkt seiner unterbewußten Ängste erklären: auf der verzweifelten Suche nach Erleichterung vor dieser unbegreiflichen Wahrheit findet er in ihnen die Möglichkeit eines Lebens nach dem Tode als Geist.

Sicher scheint jedoch, daß der moderne Mensch – und dies besonders in der westlichen Welt – es vorzieht, sich immer mehr von der Natur zu entfremden, so wie er auch seine eigene Sterblichkeit nicht anzuerkennen vermag. Sein mittlerweile fanatisch besessener Umgang mit Gesundheit und langem Leben, begünstigt durch Fortschritte in der Medizin, erscheint bei Hinterfragen seiner Motive verdächtig. Sicherlich möchte er nicht nur deshalb länger leben, um im hohen Alter seinen Mitmenschen eine zusätzliche Bürde zu werden. Liegt die Wahrheit vielleicht eher darin, daß er joggt und Sport treibt in der Hoffnung, damit den Tag hinauszuschieben, an dem er seinem Tod ins Auge sehen muß? Denn darauf ist er geistig doch überhaupt nicht vorbereitet. Es sind die Menschen der weniger technisierten Nationen der Welt, die durch ihren Respekt vor der Natur eher in der Lage sind, diesem Dilemma zu begegnen und es zu akzeptieren. Ihr Glaube an Geister zeigt sich in einer anderen Form: denn während sie bereitwillig die Existenz solcher Erscheinungen anerkennen, beschäftigen sie sich von vorneherein mehr mit den Toten und fürchten sich deshalb weniger vor diesen Geistern als vor der Bedrohung durch den Tod. Sie sehen sich eher als Hüter und Beschützer der Seelen der Toten. Gegenwärtig versuchen beispielsweise die Aborigines in Australien, die Knochen ihrer Ahnen von zahlreichen wichtigen westlichen Museen zurückzufordern und sie wieder mit der heimatlichen Erde zu vereinigen, damit ihre ruhelosen Geister nicht ständig in der Fremde umherwandern müssen.

Der Heiden Mythen wehn,
durch Marmormund gesprochen,
Geister alten Glaubens huschen, jammern immer noch
Um überwachsnen Tempel und Altar zerbrochen,
Baumbewachsnes Hügelgrab und grauen Steinring hoch.

Unbekannt

Seit Urzeiten haben alle Kulturen in der einen oder anderen Form an Geister und das Übernatürliche geglaubt. Diese uralten Rätsel vom Tisch zu wischen bedeutet, das geheimnisvolle Wissen der Vergangenheit, das letztendlich unser Leben gestaltet hat, zu verleugnen. Sicher können wir nicht so närrisch sein, die Überzeugungen unserer Vorväter zu ignorieren, im Glauben, daß wir allein mit Hilfe von Wissenschaft und Technologie unser Schicksal vollkommen kontrollieren können. Denn wo auf diesem Planeten wir auch stehen mögen, unter unseren Füßen liegen viele Schichten vergangener Kulturen, die ihre unauslöschlichen Spuren hinterlassen haben, nicht nur in der Natur, sondern auch in unserem Unterbewußten.

Oft sagt man uns, wir sollten uns nicht zu lange mit der Vergangenheit beschäftigen, sondern vorwärts gehen, fortschreiten – aber was genau ist mit Fortschritt gemeint? Zu oft scheint er eine Entschuldigung zu sein für das Szenario geistloser Zerstörung und für ein Streben nach Materialismus, das nur dem persönlichen Vorteil dient. Sicher sollte man unter Fortschritt Verbesserung und nicht Verwüstung verstehen; wir müssen zuerst aus unserer Vergangenheit lernen, bevor wir überhaupt vorwärts schreiten können. Interessant wäre, darüber nachzudenken, warum der moderne Mensch einen solchen Drang verspürt, alles um sich zu verändern. Vielleicht, weil er mit sich selbst unzufrieden ist, weil er ohne Beziehung zu seiner geistigen Vergangenheit und ohne Kontakt zur Natur lebt. Deshalb kann er nicht anhalten und sich klar darüber werden, welchen Alptraum er verursacht: eine Welt, in der die Kinder nichtssagende und groteske Horrorvideos anschauen, Hamburger und Chips in sich hineinstopfen, in der die Familien seelenlose Häuserblocks bewohnen, die nicht einmal ein Leben lang halten, wie so viele andere Dinge in einer gleichgültigen, verschwenderischen Gesellschaft, deren Gottheit das Geld ist. Überall mißbrauchen wir die Natur, fällen unnötig Bäume und verschmutzen die Flüsse, die unsere Vorfahren von Geistern bewohnt glaubten, entweihen gar die Gräber der Toten, wenn wir auf den alten Friedhöfen Häuser errichten. All dies, sagt man uns, sei Fortschritt, aber wir nehmen ein schreckliches Risiko auf uns, wenn wir die Natur aus dem Gleichgewicht bringen, denn im gleichen Maße, in dem wir sie zerstören, vernichten wir auch einen Teil von uns selbst.

Sicher hat es bemerkenswerte und atemberaubende Fortschritte in der Wissenschaft gegeben, auf den Gebieten der Raumfahrt, der Medizin und ganz besonders auch in der Alltagskommunikation. Aber wieder muß man sich die Frage stellen, was genau wir mit diesen Maschinen und derart großen Geschwindigkeiten mitteilen wollen. Und wieviel persönliche Gedanken und menschliche Phantasie wird durch ihren Gebrauch vernichtet? Oft kann man sich des Eindrucks nicht erwehren, daß wir blind im Kreis laufen, während die einfache Wahrheit leicht zu erkennen wäre, nähmen wir uns nur die Zeit innezuhalten.

Als ich daran ging, die verschiedenen Plätze für dieses Buch auszuwählen, suchte ich nach Gebäuden und Landschaften in entfernteren und abgelegeneren Gegenden des Landes, in denen die Bewohner die Sagen und Bräuche der Vergangenheit bewahrt haben. In Irland, wo dieses uralte Wissen immer geachtet wurde, findet man besonders viele dieser Geschichten, vielleicht mehr als in jedem anderen Land Europas. Ich wurde oft gefragt, warum ich keine modernen Gebäude berücksichtige. Obwohl die Erscheinung eines altertümlichen Druiden in einem Supermarkt oder einem Freizeitzentrum ein faszinierendes Bild ist, finde ich diese modernen Monstrositäten im großen und ganzen äußerst wenig anregend, so daß ich keinen Grund sehe, diesen Gedanken weiter zu verfolgen.

Der Geist im Menschen,
der Geist, der einstmals war ein Mensch
Doch sich nicht ganz befreien kann vom Menschen,
Sie rufen sich zu durch eine Morgendämmerung
Seltsamer als die Erde sie je sah; der Schleier
Zerreißt, und die Stimmen des Tags
Hört man über die Stimmen der Dunkelheit.
Alfred Lord Tennyson (1809 – 1892)

Wie können wir es nur wagen, die Existenz von Geistern zu bestreiten, wenn wir immer noch nicht wissen, wie oder warum wir überhaupt lebensfähig wurden? Welche Arroganz dieser Wissenschaftler, ein Urteil über das Übernatürliche zu fällen, während wir tagtäglich Zeuge der allmählichen Verwüstung unseres Planeten durch die selbstmörderischen Erfindungen werden. Hinter der Vielzahl an Theorien in der wissenschaftlichen Welt und dem angeblich gesunden Menschenverstand liegt eine einzige Wirklichkeit, eine ewige, unendliche Wahrheit, die vom Augenblick unserer Zeugung im Mutterleib bis zu unserem Tod in uns verborgen liegt. Aber dieser sechste Sinn oder dieses geistige Auge wird allmählich blind für alles, was sich der beschränkten Logik widersetzt, die unser Leben regiert. Die unerbittliche Zerstörung der Kindheitsinstinkte und der Unschuld, irreführend als „Erwachsenwerden" bezeichnet, verleugnet dieses vererbte Wissen und hemmt das wahre Selbst. Die menschliche Seele bedarf der Wiederentdeckung dieser dauerhaften Wahrheit, die unsere Ahnen achteten; und dieses Bedürfnis regt die Aufgeklärteren und Einfühlsameren unter uns dazu an, eine Phantasiewelt zu schaffen, als Ersatz für die falsche, kontrollierte und unbefriedigende Existenz, die die Gesellschaft geschaffen hat.

Daraus folgt, daß nicht die Tagträumer dieser Welt unrealistisch sind, sondern die dogmatischen und engstirnigen Menschen, die entweder aus Furcht oder Eigeninteresse dieser immerwährenden und allgegenwärtigen Wahrheit nicht gegenübertreten wollen oder können. Möchten wir eins mit dem Weltall sein, dann müssen wir erkennen, daß wir auf einer Vielzahl von Ebenen existieren, nicht nur auf der gar zu kleinen, „Ich" benannten. Wir müssen den Sinn für das Wunderbare in der natürlichen Welt wieder entdecken und die „Zeitlosigkeit" von allem genießen. Die Hölle auf Erden ist sicherlich die bis zu ihrem sinnlosen und langweiligen Ende verfolgte Logik, die alle phantasievollen Gedanken verleugnet und keine übernatürlichen Kräfte anerkennt. Ich glaube, die Geister in uns sehnen sich nach einer Rückkehr, und übernatürliche Kräfte spuken durch jeden unserer Tage. Die Existenz von Geistern zu verleugnen bedeutet deshalb, das geistige Sein des Menschen, sein wahres Selbst, abzulehnen.

NB: Bei vielen der in diesem Buch angeführten Häuser handelt es sich um Privatbesitz, sie stehen dem Publikumsverkehr nicht offen. Der Autor bittet die Leser, die Privatsphäre der Bewohner zu respektieren.

Baldoon Castle

Wigtownshire, Schottland

Es war in der Mitte des siebzehnten Jahrhunderts, als Janet, die schöne und älteste Tochter von Sir James Dalrymple, einem hochangesehenen Rechtsgelehrten und Staatsmann auf Carscreugh Castle im wilden Galloway, einen Mann heiraten mußte, den sie nicht liebte. Walter Scott hat ihr tragisches Schicksal in seinem Roman „Die Braut von Lammermoor" verewigt.

Bereits seit ihrer Kindheit liebte Janet den mittellosen jungen Adligen Archibald, den dritten Lord Rutherford. Doch ihre Eltern und besonders ihre hartherzige Mutter waren mit dieser Partie ganz und gar nicht einverstanden. Sie verlangten die Heirat mit Archibalds Neffen David Dunbar, dem Erben des benachbarten Baldoon Castle. Janet war darüber todunglücklich. Aber auch ihre flehentlichen Klagen konnten die unnachgiebige Mutter nicht erweichen. Am 24. August 1669 war die Hochzeit.

Es war ein wundervoller Sommertag, und die malerische Kirche bildete einen idyllischen Ort für die Trauung. Doch grauenvolle Ereignisse folgten. Über die Hochzeitsnacht wird Unterschiedliches berichtet. Die verbreitetste Version lautet: Nach einem großen Festessen mit abschließendem Ball auf Baldoon zogen sich Braut und Bräutigam ins Brautgemach zurück. Wenig später drangen entsetzliche Schreie aus dem Raum. Als die Bediensteten die Tür aufbrachen, fanden sie Dunbar grauenvoll verwundet und blutüberströmt auf der Schwelle. Seine Braut krümmte sich in ihrem blutbefleckten Kleid in einer Ecke, lachte wie irre und murmelte unzusammenhängende Worte.

Dunbar erholte sich zwar von seinen Verletzungen, aber nie sprach er von den Ereignissen jener schicksalsschweren Nacht. Später heiratete er eine Tochter des siebenten Earl of Eglinton; 1682 kam er bei einem Sturz vom Pferd ums Leben. Janet aber verlor den Verstand und starb innerhalb eines Monats nach dieser schrecklichen Nacht. Archibald, dem ihre wahre Liebe galt, blieb Junggeselle und starb 1685 verbittert und einsam.

Die efeuüberwucherten Überbleibsel des alten Schlosses liegen jetzt hinter den schmuckvollen Säulen des beeindruckenden Tores, und es heißt, daß der erbarmungswürdige Geist von Janet Dalrymple unweit davon erscheine – bei einer einsamen Nachtwache für ihren verlorenen Liebsten, noch immer in ihrer zerfetzten weißen Robe und besudelt vom Blut ihres verschmähten Bräutigams.

Seaforth House

County Sligo, Irland

Der Glaube der alten Ägypter an Wunder und Zauberei sprach den Priestern und heiligen Männern höchste Kräfte zu: Ihnen wurden die Rätsel des Lebens und des Todes vorgetragen, und sie konnten die den normalen Sterblichen verborgenen Geheimnisse der Vorherbestimmung und des zukünftigen Schicksals kontrollieren. Im Besitz nahezu grenzenloser Kräfte, ließen sie Menschen nach Belieben verschiedene Formen annehmen und verpflanzten ihre Seelen in Tiere oder andere Geschöpfe; sogar unbelebte Gestalten und Bilder konnten zum Leben erweckt werden und Befehle ausführen. Man glaubte, jeder Mensch besitze einen „Schatten" oder „Doppelgänger", *kha* genannt, der nach dem Tode im Grab

Owen Phibbs (1842 – 1914)

weiterlebte. Dort wurde er durch die Spende von Lebensmitteln, Getränken, Weihrauch und besonderen Opfergaben am Leben erhalten. Wagte man aber, diese Geschenke wegzunehmen, wanderte der Geist ruhelos umher, forderte sie zurück und brachte Tod und Zerstörung über diejenigen, die das Grab geschändet hatten. Jahrhundertelang erzählte man schreckenerregende Geschichten über diesen „Fluch der Pharaonen", beschrieb bizarre Ereignisse und schaurige Todesfälle, die jenen Abenteurern widerfahren waren, die die Gräber der alten Könige und Königinnen Ägyptens ausgeraubt hatten.

Im Sommer 1989 erzählte man mir von einem Haus in County Sligo an der Nordwestspitze Irlands, das zu Beginn unseres Jahrhunderts Mittelpunkt ähnlicher Unruhen war. Zusammen mit einem amerikanischen Freund, der ebenfalls Fotograf ist, machte ich mich zu einem Besuch auf. Wir waren beide gespannt auf das, was uns erwartete. Auf der Fahrt erzählte ich meinem Freund von dem Gebäude und seinen früheren Besitzern, der Familie Phibbs, die seit dem 18. Jahrhundert in dieser abgelegenen Gegend gewohnt hatte. William Phibbs hatte – über die ganze Grafschaft verstreut – Güter geerbt und verfügte über beträchtliche Reichtümer. Er fand jedoch, das Haus seiner Vorfahren entspreche nicht seiner gesellschaftlichen Stellung, und baute einige hundert Meter entfernt ein größeres Landhaus im Stil der damaligen Zeit.

Der 1840 begonnene Bau beherbergte eine große Bibliothek, einen Ballsaal und eine lange, von einem Oberlicht beleuchtete Galerie. Sein Sohn Owen Phibbs (1842 bis 1914), ein im Orient weitgereister Archäologe, verwandelte die Galerie in ein Museum. Er füllte den Raum mit einer Sammlung syrischer Schwerter und Dolche sowie ägyptischen Mumien, die er von seinen verschiedenen Ausgrabungen mitgebracht hatte. Kaum waren diese antiken Schätze im Haus, regten sich äußerst unangenehme Poltergeister. Eine seltsame, böse Gestalt soll nachts auf

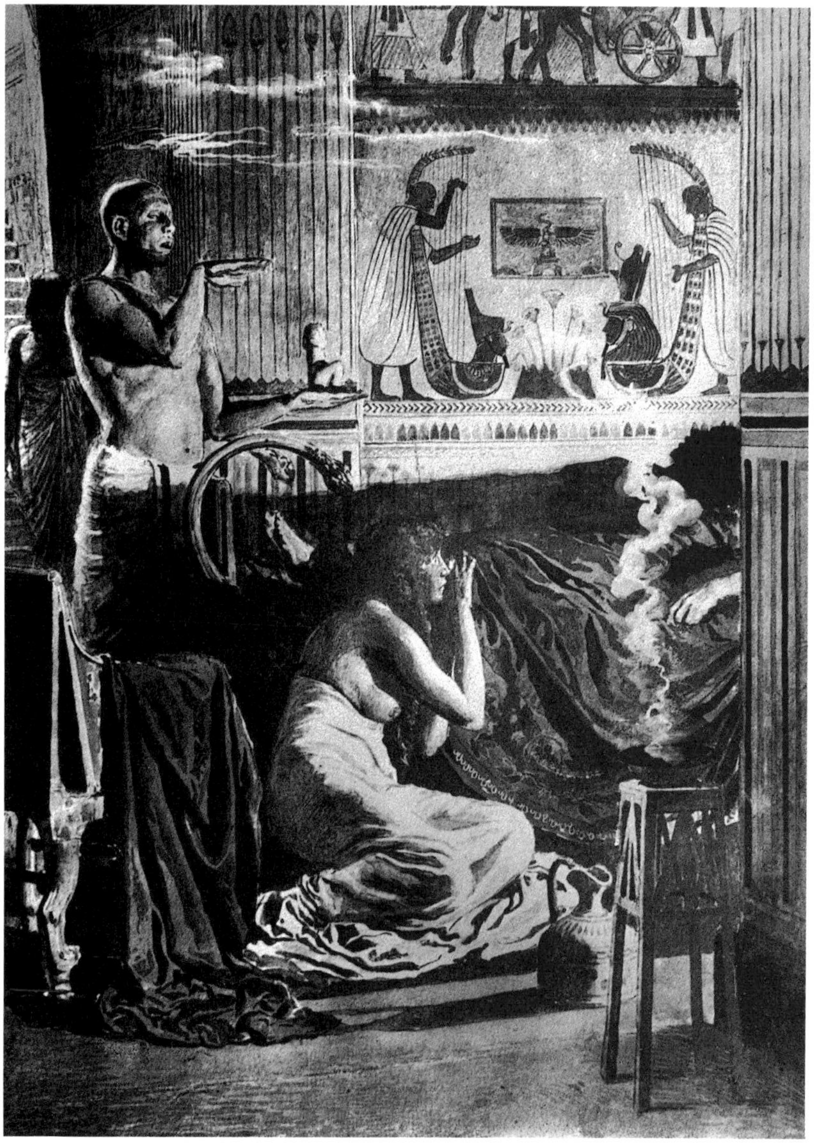

Ägyptische Bestattungszeremonie
(Hulton-Deutsch Picture Company)

DAS ALTE INNENGEMÄUER VON SEAFORTH HOUSE

der Treppe gesehen worden sein, und schrecklicher Lärm war durchs ganze Haus zu hören. Am nächsten Morgen fand man zertrümmertes Porzellan und andere Scherben. Einmal bebte sogar das ganze Haus. Bald kündigten die ersten Bediensteten; ein alter Gärtner wurde zu Tode erschreckt von einem großen, dunklen Schatten, der – gefolgt von einem wahnsinnigen Lachen – im Meer verschwand.

Die Vorkommnisse wurden schließlich derart schlimm, daß die Besitzer das Haus drei Wochen lang einer Gruppe Jesuiten überließen, die jeden Tag eine Messe lasen. Doch auch das fruchtete wenig, denn die Erscheinung tauchte kurz danach wieder auf. Das Gebäude wurde verkauft, um 1940 aber wieder aufgegeben. Seitdem steht es leer. Nachdem ich diese Geschichten gehört hatte, zeigte man mir einen Artikel in einer Zeitung aus dem Jahre 1970, der diese Spukgeschichten bestätigte. Die Zeitung gab ein Interview mit Pater Stephen Brown wieder, einem der Jesuiten, die damals am versuchten Exorzismus teilgenommen hatten. Ich versuchte Kontakt mit ihm aufzunehmen, doch anscheinend war er wie alle anderen mittlerweile verstorben. Im gleichen Artikel fand ich eine interessante Beschreibung eines späteren Familienmitglieds, Geoffrey Phibbs (1901 – 1956), Bibliothekar in Wicklow. Sie stammt von seinem damaligen Assistenten und späteren Schriftsteller Frank O'Connor. „Geoffrey Phibbs, mein Chef, war groß und schlank und dunkelhaarig, mit einer schwarzen Haarlocke, die über seine Augen fiel, einer steifen, abrupten Art, einer schroffen, hohen Stimme und einem reichlich unverschämten Auftreten", schrieb O'Connor. „Über Kleinigkeiten verfiel er in hysterische Wutanfälle. Irgendwie hatte er etwas Teuflisches an sich."

Nach einer Kurve sahen wir plötzlich in einiger Entfernung das Haus, eine finstere, düstere Ruine auf einem flachen Hügel, etwa fünfhundert Meter vom Ufer entfernt, hoch über dem Meer gegenüber den Ox Mountains gelegen. Wir parkten den Wagen beim ehemaligen Pförtnerhaus und gingen die überwucherte Zufahrt hinauf, um das Haus zu fotografieren. Nach einer Weile rief mich mein Freund plötzlich zu sich. Er stand inmitten eines großen Raums, sein Blick war ernst und starr. „Fühlst du nicht, daß hier etwas Seltsames ist?" fragte er. Ich stand vollkommen still und blickte langsam um mich. Es war bedrükkend. Auf der Wand über dem offenen Kamin erkannte man seltsame Muster auf dem Gips. Wir beide spürten ganz genau, daß einstmals etwas Schreckliches in diesem Raum passiert sein mußte und daß wir das Haus besser in Ruhe lassen sollten.

Die heutigen Besitzer wohnen in einem nahegelegenen Bauernhaus, wo wir sie aufsuchten. Sie sagten uns, daß sie sich von der alten Ruine fernhielten und dort auch nichts Ungewöhnliches erlebt hätten. Wir gingen zum Auto zurück und waren uns einig darüber, daß wir diesen Dingen besser nicht weiter nachgehen sollten. Die Familie Phibbs ist längst aus der Gegend weggezogen, auch wenn man in Sligo immer noch ein Schild mit dem Namen „Argue & Phibbs" über einem Rechtsanwaltbüro lesen kann.

Tintern Abbey

County Wexford, Irland

Oh rette mich und ich bau' zu deinem Ruhm allein
Einen Altar aus Gold in einer Abtei aus Stein:
Eine Abtei mit Altar, eine Kirche mit Schrein,
Soll mein Herzensdank für die Gnade Gottes sein.
(„Tintern de Voto" von John Bower)

Tintern Abbey oder Tintern de Voto wurde um das Jahr 1200 in Erfüllung eines Gelübdes gebaut. Das Kloster liegt am Westufer der Bannow Bay und gilt als eines der schönsten in ganz Irland. Als William Mareschal, der normannische Earl of Pembroke, in Seenot geraten war, gelobte er für den Fall seiner glücklichen Rettung, am Landeplatz ein Gotteshaus zu bauen. Er widmete die Abtei der Jungfrau Maria und holte Zisterziensermönche von der berühmteren Tintern Abbey in seiner walisischen Heimat hierher.

Die Lage dieses jetzt in Ruinen liegenden Klosters ist so traumhaft, das Gelände so romantisch und friedlich, daß man sich vergewissern muß, daß es kein vorbeischwebendes Phantasiebild, kein „Geisterhaus" ist, sondern tatsächlich ein von Menschen geschaffenes Gebäude aus einer vergangenen Zeit. Einheimische erzählten mir, durch die Abtei spuke manchmal ein Fackelzug. Man könne sehen, wie die Prozession der Mönche spät in der Nacht auf das gotische Eingangstor zugeht, begleitet von den geheimnisvollen und geisterhaften Klängen ihrer lateinischen Gesänge.

Die Abtei wurde schließlich 1538 aufgelöst. Die dazugehörenden Ländereien wurden 1562 einem elisabethanischen Soldaten, Sir Anthony Colclough, verliehen, der das Gebäude in ein Wohnhaus verwandelte, das seine Nachkommen nahezu vierhundert Jahre bewohnten. Im Gegensatz zu den anderen anglo-irischen Landbesitzern kamen die Colcloughs außerordentlich gut mit den Einheimischen aus, und im Laufe der Jahrhunderte verloren einige von ihnen sogar ihr Leben im Kampf für die irische Sache.

Als ich die mittelalterliche Abtei besuchte, beeindruckte mich die Umgebung so sehr, daß ich trotz ihres unheimlichen Rufes mein Zelt im Schatten des Klostergebäudes aufstellte. Doch gegen Mitternacht wurde ich von einem schrecklichen Stöhnen und Kreischen geweckt. Ich lag wie erstarrt, unfähig mich zu bewegen, und betete, daß es ein Traum sein möge. Eine Ewigkeit schien vergangen, bis die unheimlichen Klänge leiser wurden und ich es schließlich wagte, den Kopf aus dem Zelt zu stecken – auf dem Dach der Abtei saßen zwei junge Pärchen, die sich über ihr unglückliches Opfer vor Lachen ausschütteten. Ich fand keinen Schlaf mehr und verließ diesen gespenstischen Ort, sobald die Sonne sich über den massiven, efeuberankten Turm der kargen Ruine erhob.

Loch Rannoch

Rannoch Moor, Perthshire, Schottland

Das abgeschiedene und trostlose Rannoch Moor ist eine gefährliche Wildnis aus Torfmooren, uralten Wäldern und schmutzig-trüben Gewässern, umgeben von finsteren und furchteinflößenden Bergen. Jahrhundertelang bot es Gesetzlosen und Verbrechern Zuflucht und gab Anlaß zu mancherlei Geschichten über ihre waghalsigen Abenteuer. Sogar Hexen sollen in Berghöhlen gelebt haben, wo sie ihrer schwarzen Kunst ungestört frönen konnten.

Am südöstlichen Ufer von Loch Rannoch steht der geheimnisumwobene Schiehallion Hill oder „Feenhügel". Durchreisende berichteten von einem schreckenerregenden Schatten, der wie ein Hund aussah und sie – plötzlich aus dem Nichts auftauchend – verfolgte. Auch andere seltsame Wesen sollen in der Umgebung wohnen: Wasserpferde und Seemonster unter der trüben Wasseroberfläche sowie Gespenster und Elementargeister, die das Moor durchstreichen.

Als die Sonne unterging, ergriffen mich zugleich Furcht und Erstaunen – mir war, als bilde dieses Ufer die Grenze zum Reich der Geister.

Plas Teg
Clwyd, Wales

Düster und abweisend liegt dieses schaurige jakobitische Herrenhaus nur wenige hundert Meter neben der verkehrsreichen Hauptstraße, die von Wrexham nach Mold führt. Diese Landschaft ist reich an vorgeschichtlichen Grabhügeln und Erzählungen über Hexerei. Das riesige, furchteinflößende Gebäude, das viele Jahre lang verlassen dalag, gleicht einem gewaltigen und finsteren Mausoleum, kunstvoll ausgestaltet und von Geistern bewohnt. Erst in jüngster Zeit wurde es von einer bemerkenswerten Frau, Cornelia Bayley, erworben und mit großem Erfolg renoviert. Schon bei unserem ersten Telefongespräch wirkte sie begeistert: Sie besitze alle meine früheren Bücher, und ich müsse unbedingt kommen und bei ihr übernachten. Das Haus würde mich inspirieren.

Ich wurde nicht enttäuscht. Schon als ich in die Zufahrt einbog, fühlte ich mich eingeschüchtert von der übermächtigen Aura dieses Herrenhauses. An der Tür begrüßte mich eine junge Frau, die von der vorübergehend abwesenden Besitzerin als Hausmeisterin angestellt war. Es war ein kalter Wintertag, und ich war froh, als ich in die stimmungsvolle Große Halle geführt wurde, wo gewaltige Holzblöcke im offenen Kamin glühten – eine ideale Atmosphäre für die schrecklichen Geistergeschichten, die ich gleich hören sollte.

Das Haus wurde 1610 von Sir John Trevor erbaut. Die Trevors waren eine mächtige walisische Familie. Sir John war Inspekteur der königlichen Flotte, eine einträgliche Stellung. Viele der langen Balken, die die hohen Decken des Herrenhauses tragen, stammen von den mächtigen Schiffen, die den Stolz der britischen Seemacht in der damaligen Zeit begründeten. Im Laufe der Jahre ergab sich eine ungewöhnlich hohe Anzahl von Selbstmorden im Haus und auf dem Gelände. Ein anderer John Trevor, der letzte Vertreter der männlichen Linie, spukt im „Regency Bedroom". Hier starb er 1743 nach einem langen und qualvollen Todeskampf, als er – nach dem tragischen und geheimnisvollen Tod seiner jungen Frau – mit der Pferdekutsche absichtlich einen Zusammenstoß provozierte und dabei schwere Verletzungen erlitt. Die Einheimischen mieden das wegen seiner Geister verrufene, leerstehende Gebäude. Aber unzählige Male wurden in diesem Raum nachts seltsame rechteckige Lichter gesehen.

Ein anderes Gespenst ist die schöne Tochter der Trevors, die vor ungefähr zweihundert Jahren lebte und deren Liebhaber im Duell von einem Rivalen getötet wurde. Um den Annäherungsversuchen des eifersüchtigen Siegers zu entgehen, stürzte sie sich voller Trauer und geschmückt

mit ihren ganzen Juwelen in einen tiefen Brunnen im Garten. Seitdem durchstreift ihr Geist Haus und Gelände. Amerikanische Soldaten, die während des letzten Krieges in Plas Teg untergebracht waren, wollen sie des öfteren gesehen haben. Es wird auch die Geschichte eines Gärtners erzählt, der im vorigen Jahrhundert gelebt hat. Er soll sich auf dem Brunnenrand ausgeruht haben, als er plötzlich fühlte, wie scharfe, knochige Finger seine Schultern umklammerten und ihn nach hinten zogen. Zu Tode erschrocken sprang er auf und spähte in das schmutzig-trübe Wasser, aber er konnte nichts darin erkennen. Damals gab es beim Pförtnerhaus ein Tor aus weißem Stein, an dem sich der Pförtner erhängt haben soll, nachdem ihm ein Geist erschienen war. Das Gebäude wurde später nie mehr bewohnt und schließlich abgerissen. Autofahrer berichteten von gespenstischen Reitern, die spät in der Nacht durch das Wäldchen in der Nähe des Herrenhauses gezogen sein sollen.

Ich war schon etwas zermürbt, als ich durch das Gebäude geführt wurde. Es ist kaum vorstellbar, wie solch umfangreiche Restaurierungsarbeiten in einer so kurzen Zeit ausgeführt werden konnten. Die riesigen, kalten Räume sind ausgestattet mit schönen, ungewöhnlichen Möbeln, Wandbehängen und geheimnisvollen Gemälden, die eine Atmosphäre schaffen, die nur schwer in Worte zu fassen ist. Wir betraten einen Raum, der wegen seiner Möbel aus dem Orient „Indian Bedroom" genannt und früher als örtliches Schiedsgericht benutzt wurde. Schwerverbrecher wurden dort verurteilt und gehängt, indem man sie am Strick durch eine Falltür im Fußboden verschwinden ließ. Kein Wunder, daß es in diesem Raum fürchterlich spukt.

Die Gärten bilden eine überwucherte Wildnis voller architektonischer Kuriositäten. Mich zog vor allem ein zerbrochener Fries mit gemeißelten Köpfen an, der an ein morbides Meisterwerk der Symbolisten erinnert. Ich war gerade dabei, den verwunschenen Brunnen zu suchen, als ein Auto heranfuhr, aus dem Cornelia Bayley stieg. Ihr Haar war von den Restaurierungsarbeiten, die sie in einer anderen Ruine in der Nähe ausgeführt hatte, noch mit Farbe verschmiert. Beim Abendessen erzählte sie mir, daß ihr das Haus anfänglich nichts als Pech gebracht hätte. Einer ihrer Lieblingshunde griff plötzlich einen anderen ohne

Bruchstücke eines Frieses in den Parkanlagen von Plas Teg

Cornelia Bayley im „Grossen Saal" von Plas Teg

Grund brutal an, auch sie hörte oft Schritte und schlagende Türen im „Regency Bedroom". Die Tür ihres Schlafzimmers finge manchmal mitten in der Nacht an zu rütteln, als sei sie lebendig. Schließlich habe sie das Gebäude exorzieren lassen, seither seien die Belästigungen nicht mehr ganz so schlimm. Sie erzählte mir, daß sie überzeugt sei, der Hausgeist würde sie jetzt lieben. Als Dank wolle sie die Große Halle mit Farbe aus dem Blut ihrer Freunde streichen.

Anschließend begaben wir uns nach oben in die Bibliothek, wo ich den Liebling ihrer exotischen Tierschau kennenlernte. Grimston, ein Kakadu, saß auf einem hohen Bücherschrank, den er allmählich vollständig abnagt. Cornelia erzählte mir, daß sie sich inzwischen von dem Haus besessen fühle und sicher sei, daß sie es nie mehr verlassen werde. „Ich werde hier dereinst selbst ein Gespenst werden", meinte sie, „ich habe keine Wahl." Ich machte einige Portraitaufnahmen von ihr, in einem Raum, der „Great Chamber" genannt wird, einem großen Saal in der Mitte des Hauses, beherrscht von einem frostigen Gemälde der Medusa. Ich sollte im „Amber Bedroom" schlafen, gegenüber vom „Regency Bedroom". Als ich etwas beklommen in meinem Himmelbett lag, versuchte ich, meine glühende Phantasie auf irgendeine Weise abzuschalten und um Befreiung von all diesen Geschichten zu beten. Glücklicherweise war ich vollkommen erschöpft und schaffte es, die Nacht hindurch ungestört zu schlafen. Nach dem Frühstück dankte ich meiner mutigen und außergewöhnlichen Gastgeberin, die – viel intensiver und auf einer höheren Ebene als ihre Mitmenschen – im Einklang mit dem Übernatürlichen lebt.

Charlton House

Greenwich, London

Einer der schönsten Renaissance-Bauten in London ist das Charlton House. Es wurde zu Beginn des siebzehnten Jahrhunderts von Adam Newton erbaut, von dem nur bekannt ist, daß er ein Lehrer des Königs war. Sir William Langhorne erwarb das Gebäude 1680, und sein ruheloser und verliebter Geist soll noch immer durch die vielen Gänge und Schlafzimmer dieses prächtigen Herrenhauses spuken. Als er Gouverneur von Madras war, hatte Sir William das Haus als Alterssitz gekauft und bewohnte es, bis er 1715 mit fünfundachtzig Jahren starb. Trotz seines langen Lebens schaffte er es nie, einen Stammhalter zu zeugen. Ob es daran liegt oder an seinem unersättlichen Appetit auf das schöne Geschlecht, bleibt dahingestellt: Doch bis zum heutigen Tag soll sein Geist das unerklärliche Drehen der Türgriffe in Schlafzimmern und andere mysteriöse Erscheinungen in Charlton verursachen.

Im ersten Weltkrieg funktionierte man das Haus in ein Krankenhaus um und ließ wegen dieser Geisterbesuche einen der zahlreichen Räume leerstehen. Als die Zahl der Verwundeten anstieg, war dies nicht mehr möglich. In der Folge hatten sich die Patienten neben ihren Wunden noch mit einem anderen „Horror" zu plagen. Während des Zweiten Weltkriegs wurde das Haus von Bomben schwer beschädigt. Bei den umfangreichen Reparaturarbeiten kam eine schaurige und herzergreifende Entdeckung ans Tageslicht: der mumifizierte Körper eines Kindes, versteckt in einem der alten Backsteinkamine. Dies mag auch die Erscheinung der tragischen Gestalt eines jungen Dienstmädchens erklären, die schon mehrfach – gekleidet wie zu Zeiten der Stuarts im 17. Jahrhundert – mit einem Kind auf dem Arm auf dem Anwesen gesehen wurde.

Das Gebäude gehört jetzt dem Greenwich Borough Council und wird als Tagesstätte und öffentliche Bücherei benutzt. Zwei der dort beschäftigten Frauen berichteten mir, daß sie oft die Anwesenheit Sir Williams fühlten. Aber sie wollten ihre Namen nicht preisgeben, aus Angst, daß man sich über sie lustig machen könnte.

Der Druidenaltar

County Cork, Irland

Weil Irland weitab von den Zentren der antiken Macht lag und auch von den Römern nicht erobert wurde, hielt es länger an den Geheimnissen der Druiden fest als jedes andere Land in Europa. Die Iren haben immer an der Tradition und den Bräuchen ihrer Vorväter festgehalten, und so kam es auch, daß ihre heiligen Bäume und Opfersteine nicht zerstört wurden.

Auf einem das Meer überragenden Hügel in der Nähe des Dorfes Glandore steht ein imposanter Steinkreis, der von den Einheimischen der „Druidenaltar" genannt wird. Eine Aura von Mysterien und Geschichten von unheilverkündenden heidnischen Riten umweht diese uralten Steine. Bei Ausgrabungen fand man dort 1957 in einer großen Urne den eingeäscherten Körper eines Kleinkindes. Dieses Begräbnis soll mindestens 150 Jahre vor Christus gewesen sein.

Die Druiden – das Wort bedeutet „der Mann neben der heiligen Eiche, der die Wahrheit kennt" – verehrten Sonne und Mond und feierten ihre Feste nach einer genauen Berechnung der Stellung der Gestirne zueinander. Es wird von Menschenopfern berichtet, bei denen sie ihre Opfer in den Rücken stachen und aus ihren Schmerzkrämpfen die Zukunft vorhersagten. Sie glaubten auch, daß die Seele unsterblich sei und im Körper eines anderen weiterleben könne.

Man erzählt sich, daß im vorigen Jahrhundert die Tochter eines einheimischen Bauern, ein von Natur aus stilles und sensibles Mädchen, eine besondere Vorliebe für die Geschichte und alles Vergangene, insbesondere für diese alten Steine entwickelt hätte. Stundenlang konnte sie bisweilen bewegungslos in der Mitte des Kreises sitzen und auf den Sonnenuntergang warten. Ihre Eltern machten sich

Links: Der Steinkreis des „Druidenaltars“

Druiden vollziehen ein Menschenopfer
(Mary Evans Picture Library)

Gedanken über das zwanghafte Verhalten ihrer Tochter. Sie waren deshalb sehr erleichtert, als sie einige Jahre später einen Dorfschullehrer heiratete. Und sie hofften, ihre Interessen würden sich mit der Gründung einer Familie verlagern.

Tatsächlich wurde sie ein Jahr später schwanger und war so fröhlich und glücklich, wie eine zukünftige Mutter es nur sein konnte. Anscheinend hatte der Einfluß der Steine auf sie nachgelassen. Dann, sechs Wochen vor dem Geburtstermin, wachte ihr Mann mitten in der Nacht auf und fand ihr Bett verlassen vor. Er suchte sie überall, entdeckte aber keine Spur. In seiner Verzweiflung rannte er zum Haus der Eltern. Ihr Vater riet ihm, bei seiner Frau zu bleiben und sich zu beruhigen, und lief instinktiv zum Steinkreis. Es war Vollmond. Als er den Hügel hinauflief, glaubte er, einen Schatten durch den Kreis gehen zu sehen. In der Hoffnung, daß es seine Tochter sei, rannte er los, aber als er den Gipfel erreichte, fand er das Denkmal verlassen vor. Er schaute sich um und sah am Strand in weiter Entfernung die Silhouette einer Gestalt langsam auf das Meer zugehen.

Am nächsten Morgen wurde die Leiche der Tochter an die nahe Küste gespült. Welche dunklen und düsteren Kräfte diese unglückliche junge Frau zum Selbstmord getrieben hatten, wird wohl nie zu erfahren sein. Aber ihr Geist soll immer noch im Steinkreis spuken, vielleicht, weil er auf ein Opfer wartet, in dem ihre Seele weiterleben kann?

Als ich mitten im Steinkreis stand, kam mir der Gedanke, daß wir, bewußt oder unbewußt, in unserem übermächtigen Wissensdrang viel von der geheimnisvollen Weisheit unserer Vorfahren verdrängen und die Kräfte der Natur und des Übersinnlichen vernachlässigen.

Ballintore Castle

Angus, Schottland

Völlig unerwartet stieß ich auf dieses geheimnisvolle Schloß, als ich mich in einer der wilderen Gegenden Schottlands verirrt hatte. Es zog mich instinktiv an, als ich es oberhalb eines abgelegenen Hochmoores geradezu theatralisch thronen sah. Die ausgefallene Architektur und die einzigartige Umgebung verliehen seinen verrottenden Türmen eine unwirkliche Atmosphäre des bevorstehenden Untergangs, eine perfekte Illustration für ein Buch über Leben und Werk Edgar Allan Poes, das ich gerade in Arbeit hatte.

Langsam fuhr ich durch das Tor des verlassenen Pförtnerhauses und die Auffahrt hinauf. Aus nächster Nähe wirkte das Schloß noch furchteinflößender, so als ob dort

einst etwas Schreckliches passiert wäre. Dann sah ich, hinter dem mächtigen Gebäude verborgen, ein neues kleines Haus, vor dem ein Kleinkind spielte. Während ich meinen Wagen parkte, kam die Mutter heraus. Ich fragte sie, ob ich einige Aufnahmen machen dürfte. Sie hatte keine Einwände, riet mir aber, nicht hineinzugehen, denn das sei gefährlich. Über die Geschichte des Schlosses wußte sie nur, daß es vor seinem Verfall als Jagdschlößchen benutzt worden war. Ich erwiderte, daß es sehr nach Spuk aussehe, worauf sie nervös lachte und anscheinend etwas sagen wollte, sich dann aber doch abrupt umwandte und wegging.

Mit einem Gefühl der Hochstimmung und gleichzeitig beklommen ging ich zur Vorderseite des Hauses und fotografierte. Nervenzerfetzend schlugen ab und zu herabhängende Holzläden im Wind. Ich kletterte über eine alte, eiserne Wendeltreppe, um durch eines der Fenster zu spähen und erwartete geradezu ein furchterregendes Gespenst, das mir ins Gesicht starren würde. Aber alles schien verlassen zu sein. Mittlerweile fing es an zu dämmern, und so ging ich, zufrieden über die Aufnahmen, zum Wagen zurück.

Während ich die Auffahrt hinunterging, kam mir die Idee, der Bezirksbibliothek zu schreiben, um mehr über das Haus zu erfahren. Plötzlich sah ich einen kleinen, etwa zehn Jahre alten Jungen auf der anderen Seite der Straße neben dem Tor stehen. Ich lächelte ihm zu, aber er lächelte nicht zurück. In seinen Zigeunerkleidern wirkte er mit seinem melancholischen Gesichtsausdruck sehr traurig. Beim Wenden des Autos spürte ich, daß etwas nicht stimmen konnte. Ich war schon dreißig Meter weit gefahren, als ich in den Rückspiegel schaute. Der Junge war weg.

Ich fuhr zurück, konnte ihn aber nirgends finden; er hatte sich in Luft aufgelöst. Zuerst war ich verwirrt. Seine Kleider sahen aus, als stammten sie aus einer anderen Zeit – hatte ich vielleicht einen Geist gesehen? Ich saß regungslos im Wagen, als mir dieser Gedanke langsam bewußt wurde. Später fühlte ich mich seltsam erleichtert, obwohl mich der Gesichtsausdruck des Jungen immer noch beunruhigte. Ironie des Schicksals, hätte ich hier auf dem Weg einen Geist getroffen – statt der schrecklichen Erscheinungen, die ich mir in der Phantasie durchs Schloß spukend vorstellte.

Ende des Monats erhielt ich einen Brief von der Bibliothek. Außer daß es 1865 von einem Parlamentsmitglied namens David Lyon gebaut worden sei, gab es auch dort wenig Informationen über das Haus, das als elegantes, schloßartiges Herrenhaus in einer ziemlich trostlosen Umgebung beschrieben wurde. Bis Ende des neunzehnten Jahrhunderts hatte es mehrere Male den Besitzer gewechselt. Niemand schien dort lange bleiben zu wollen. Später kaufte es eine gewisse Lady Lyell, und auch dann wurde es lediglich zur Jagdzeit benutzt, bis es schließlich in den sechziger Jahren ganz aufgegeben wurde. Der gegenwärtige Besitzer ist nicht bekannt.

Trollers Gill
Yorkshire, England

Zeichen waren auf des Toten Brust gedrückt,
Doch scheinbar nicht von Menschenhand
(Zeitgenössische Ballade)

Trollers Gill ist eine tiefe Schlucht oberhalb des Dorfes Appletreewick. An diesem unheimlichen und einsamen Platz steigen die Felsen zu beiden Seiten kahl und furchteinflößend auf. Aus den Spalten wachsen Eiben. Der Sage nach leben in den Höhlen der Schlucht Trolle, koboldartige und boshafte Geschöpfe, die sich nur nachts hinauswagen und Reisenden auflauern und sie belästigen. Werden sie bei Morgengrauen draußen überrascht, erstarren sie zu Stein. Der König der Trolle soll in einem unterirdischen, mit Stalaktiten geschmückten und mit Edelsteinen überzogenen Palast herrschen.

Doch das meistgefürchtetste Gespenst in Trollers Gill und der sie umgebenden Landschaft ist der „Barguest", ein riesiger Hund mit langem Haar und tellergroßen feurigen Augen. Oft zieht er eine klirrende Kette hinter sich her. Trollers Gill ist angeblich einer der Orte, an denen er sich am liebsten aufhält. Die Landbevölkerung fürchtet ihn schon lange und macht lieber weite Umwege, als durch die Schlucht zu gehen, denn es heißt, ein Blick in seine Augen bedeute den sicheren Tod für den Betrachter.

Beschwörung böser Geister
(Mary Evans Picture Library)

Die folgende Geschichte wurde aus dem Jahre 1881 berichtet. Ein junger Bursche aus der Gegend, stolz genug zu glauben, er könne die übersinnlichen Kräfte meistern, beschloß, sich den Barguest selbst anzusehen. In einer windigen Mondnacht stieg er über die Hügel, und es dauerte nicht lange, bis er am Fuße der Schlucht stand. Sie war zu tief, als daß Mondschein hätte eindringen können, und in der Dunkelheit vermeinte er, aus dem tosenden Wasser eine laute Stimme zu hören: „Laß es sein." Er schauderte und wurde zum ersten Mal in seinem Leben von wirklicher Furcht ergriffen. Trotzdem ging er weiter. Seine Schritte hallten wie eine Stimme aus einem verwunschenen Grab, bis er schließlich zu einer hohen Eibe kam, unter der er Schutz suchte.

Nachdem er sich wieder gefaßt hatte, zog er einen Kreis auf dem Boden, sagte bestimmte Zauberformeln auf, kniete nieder, küßte dreimal die Erde und gebot dem Geisterhund mit feierlicher Stimme zu erscheinen. Ein Wirbelwind erhob sich, Feuer blitzte aus allen Felsspalten, erhellte die Schlucht, und mit einem wilden Gebell sprang der Hund hervor, aus seinen Augen sprühte höllische Glut ...

Am nächsten Morgen fand ein vorbeiziehender Schäfer unter der Eibe den Körper des jungen Mannes mit seltsamen Zeichen auf der Brust, die von keiner Menschenhand herrühren konnten. Als die Abendruhe sich senkte, ließen die Dorfbewohner auf dem Friedhof langsam den Sarg zu seiner letzten Ruhe hinab und hofften, daß ihre eigenen Kinder in Zukunft ihre Warnungen beachten und einen Bogen um das Versteck des Barguest machen würden.

An einem warmen Sommerabend erkundete ich Trollers Gill, genoß den langen Spaziergang und die flüchtige Gesellschaft weniger Schafe. Als ich dann meine Kamera hob, um die steilen Felsspitzen der Schlucht zu fotografieren, fühlte ich mich plötzlich sehr einsam.

Castle Stalker

Argyllshire, Schottland

Hinreißend auf einer winzigen Insel im Loch Linnhe gelegen, war dieses Schloß lange Zeit Sitz des mächtigen Hochlandclans der Stewarts of Appin. Sie waren überzeugte Befürworter der Jakobitischen Aufstände von 1715 und 1745. Der massive Bergfried wurde im fünfzehnten Jahrhundert von Duncan Stewart erbaut, der später von James IV. zum Chamberlain of the Isles ernannt wurde. Der König soll oft vom Schloß aus auf die Jagd gegangen sein.

Ein älterer Mann aus dem nahegelegenen Port Appin erzählte mir Geschichten über diesen kriegerischen Clan und seine Abenteuer. Nachdem das neunte Familienoberhaupt, Dugald, gezwungen war, den Besitz 1765 zu verkaufen, fand man unter dem Boden am Fuße der Haupttreppe ein Verlies, ein „Fallgrubengefängnis", in das man nur durch eine Falltür gelangen konnte. Man entdeckte dort eine große Menge Menschenknochen und transportierte sie in Säcken zum Festland, damit sie ein christliches Begräbnis erhielten.

Als er noch ein Junge war, so berichtete der Mann weiter, hätte er eine uralte Sage gehört, nach der eine seltsame „Lichtkugel" über dem Schloß schweben solle, wenn der Tod eines Familienoberhaupts des Stewart-Clans bevorstand. Er war sich nicht sicher, ob es im Schloß spukt, aber er beteuerte, nichts könne ihn bewegen, dort auch nur eine einzige Nacht zu verbringen.

Killua Castle

County Westmeath, Irland

Killua Castle ist eine der romantischsten Ruinen Irlands. Früher wohnte hier die Familie Chapman. Sie stammte ursprünglich aus Leicestershire und erwarb im sechzehnten Jahrhundert – unterstützt von ihrem berühmten Vetter, Sir Walter Raleigh – große Ländereien in Irland. Das jetzige Gebäude wurde 1780 errichtet und um 1830 dem Geschmack der damaligen Zeit entsprechend umgebaut. In der Umgebung mit zahlreichen Seen und Prunkbauten gibt es einen Obelisken, der an die erste von Raleigh in Irland gepflanzte Kartoffel erinnert.

Der letzte ihrer Linie, Thomas Chapman (1848 – 1919), heiratete eine gewisse Rochford. Sie hatten vier Töchter, was nichts daran änderte, daß die Ehe auseinanderging. Er verbrachte viel Zeit in England, wo er eine gewisse Sarah Dunner traf und sich in sie verliebte. Seinen Namen änderte er in Thomas Lawrence. Aus dieser Ehe stammen fünf Söhne, von denen einer noch zu Lebzeiten zur Legende werden sollte: T. E. Lawrence, besser bekannt als „Lawrence von Arabien", der umstrittene weiße Führer der Araber im Ersten Weltkrieg. Er selbst wohnte nie auf Killua, besuchte das Schloß aber und wurde von seiner Pracht angeregt. Sein Geist soll in seiner englischen Heimat, Clouds Hill in Dorset, umgehen, aber ob er hinter dem weißen Gespenst steckt, das manchmal bei den Ruinen beobachtet wurde, ist nicht bekannt.

Ein Geist, von dem man allerdings glaubt, daß er auf Killua spukt, ist der von Jacky Dalton. Sir Benjamin Chapman setzte ihn als Landverwalter im späten 18. Jahrhundert ein. Dieser außergewöhnliche Mann soll ein ungewöhnlich enges Verhältnis zu seinem Arbeitgeber gehabt haben und saß oft am Fußende des Eßtisches von Sir Benjamin, wo er für die Gäste den Dudelsack spielte. Er wird beschrieben als sehr kleiner, listiger Mann mit „Wieselaugen", der eine seltsame gelbe Perücke trug. Dieser Gauner erleichterte Sir Benjamin um beträchtliche Gelder, wurde zum Trinker und ertränkte sich mit einem Sprung in einen See. Sein umherwandelnder Geist jagte schon mehreren nächtlichen Gästen im Schloß Angst ein.

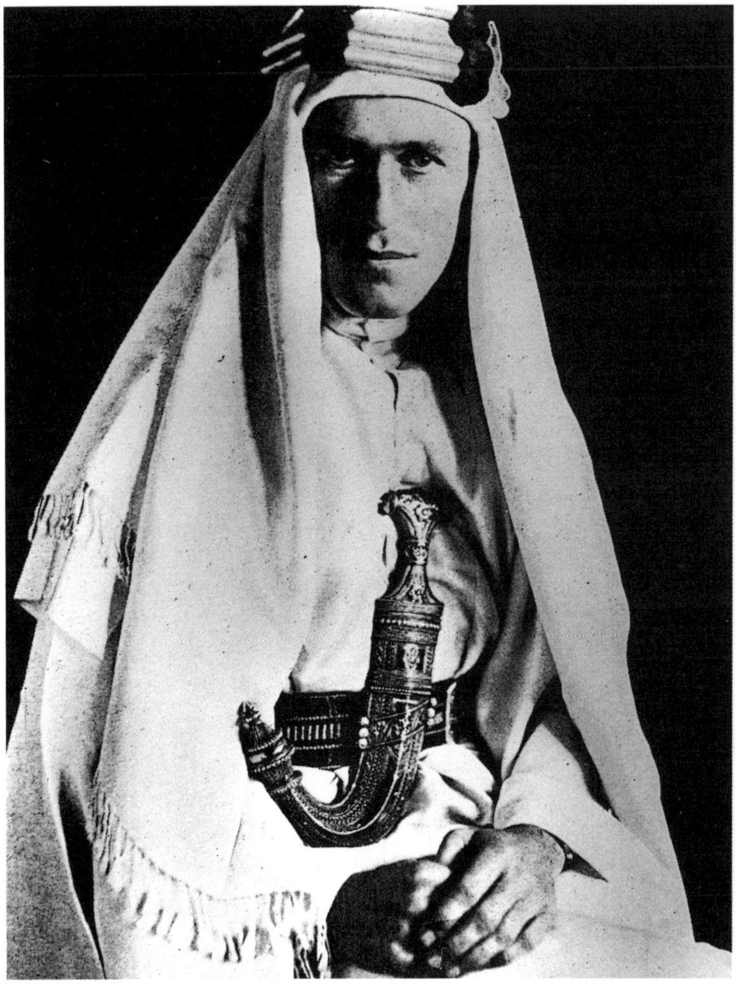

Thomas Edward Lawrence, genannt „Lawrence von Arabien" (1888 – 1935)

Killua Castle

Hexensabbat
(Mary Evans Picture Library)

St. Katherine's Nunnery
County Limerick, Irland

Die einst ausgedehnten Ländereien des Nonnenklosters St. Katherine bei Shanagolden sind heute fast ganz von Dickicht und verkrüppelten Bäumen umgeben, als ob es in einem uralten Wald versteckt sei. An einem heißen, drückenden Sommerabend bahnte ich mir einen Weg zu diesen geisterhaften Ruinen, deren einsame und geheimnisvolle Aura mir den Eindruck verschaffte, als sei ich der erste Mensch, der hier seit mehr als hundert Jahren vorbeikommt.

Der Historiker John Wardell schreibt im *Irish Archaeological Journal* von 1904, über die Geschichte des augustinischen Nonnenklosters sei wenig bekannt. Das ist überraschend, weil es groß und wichtig war. Über seine Gründung existieren keine Urkunden, doch wird es erstmals in der Inquisition von 1298 erwähnt. Viele Legenden spinnen sich um dieses Kloster, die meist von Übersinnlichem berichten.

Es wird erzählt, daß nach einer der unzähligen Schlachten zwischen den Geraldines und den Butlers der Earl of Desmond und seine Gräfin aus ihrem belagerten Schloß flohen. Ein tödlicher Pfeil traf die Frau. Im Glauben, daß sie tot sei, floh der Graf zum verlassenen Kloster, verscharrte sie hastig unter dem Altar der Hauptkapelle und reiste dann mit gebrochenem Herzen weiter nach Askeaton. Es heißt aber, die unglückselige Frau sei lebendig

begraben worden, und ihr Geist spuke immer noch am Ort ihres schrecklichen Todes.

Das Nonnenkloster soll 1640 vom Papst wegen einer bösen Äbtissin aufgelöst worden sein, deren sexuelle Eskapaden und „schwarzen Künste" die Einheimischen empört und beängstigt hätten. Nachdem die anderen Nonnen auf und davon gegangen waren, blieb sie allein im verlassenen Kloster zurück. Sie erlangte ein so hohes Alter, daß ihr Gesicht „ziemlich schwarz" geworden sein soll. Sie versteckte sich in der Sakristei und starb dort allein. Der Raum wurde später bekannt als „Zelle der schwarzen Hexe".

Über Jahre hinweg grub man auf den Ländereien des Klosters zahlreiche Skelette aus. Von der schaurigen Stille und diesen Sagen beinahe aus dem Gleichgewicht gebracht, bahnte ich mir meinen Weg zurück aus dieser verwunschenen und vergessenen Wildnis.

Harlaxton Manor
Lincolnshire, England

Am Ende einer langen Allee taucht dieses phantasievolle Herrenhaus im elisabethanischen Barockstil auf wie eine unglaubliche Vision aus einem Opiumrausch. Es war das Lebenswerk und der Ehrgeiz eines Mannes: Sein Stifter und Architekt war der wohlhabende Junggeselle Gregory Gregory (1786 – 1854), der einen Palast von unübertroffener Pracht baute und einrichtete, aber bedauerlicherweise schon drei Jahre nach seiner Fertigstellung starb. Er reiste durch die Welt auf der Suche nach Gegenständen und Kuriositäten zur Ausschmückung seines Hauses. Mit der verschwenderischen Inneneinrichtung können sich nur die sensationellen Tore, Türme und Balustraden der Außenansicht messen. Sie werden bewacht von großen Steinlöwen, die zum einzigartigen Eindruck des Reichtums und der Macht beitragen. Nach seinem Tod fiel das Haus an seinen Vetter Pearson-Gregory, einen verschrobenen Mann, der in der Vergangenheit lebte und den Einbau von Elektrizität und Telefonen verbot, so daß das riesige Gebäude nur mit Öllampen und Kerzenlicht beleuchtet wurde. Nach dessen Tod kam das Haus herunter und wurde nur von Frau Violet van der Elst vor dem Abriß gerettet. Ihr Leben und Wirken ist ebenso außergewöhnlich wie dieses einzigartige Haus. Aus ihrer Zeit in Harlaxton Manor stammen die Berichte über zahlreiche übernatürliche Begebenheiten.

Als Reformerin, Komponistin, Mystikerin und Geschäftsfrau hatte sich diese Frau, die Tochter eines Kohlenträgers aus Middlesex und einer Quäker-Waschfrau,

Violet Van der Elst im Thronstuhl der Dogen von Venedig
(Hulton-Deutsch Picture Company)

Links: Urne in der Eingangshalle von Harlaxton Manor

einen Namen gemacht. Ihr Vermögen hatte sie mit der Herstellung einer Rasiercreme gemacht, die ohne Pinsel aufzutragen war. Viel davon verwendete sie für die Renovierung des Herrenhauses, das sie in Grantham Castle umbenannte. Im leidenschaftlichen Kampf gegen die Todesstrafe wurde sie bei ihren erfolgreichen Protestfeldzügen nicht weniger als sechs Mal verhaftet. Sie komponierte zahlreiche Symphonien, Konzerte und Nokturnen. In ihrer Bibliothek mit über dreitausend Büchern über das Okkulte hielt sie Seancen ab, bei denen sie versuchte, Kontakt mit ihrem zweiten, 1934 verstorbenen Mann, dem belgischen Künstler Johannes van der Elst, aufzunehmen. Sie verwahrte seine Asche in einem Kästchen, das sie in einer Urne in die große Eingangshalle stellte. Als sie später ihr Vermögen durchgebracht hatte und gezwungen war, das Haus und das Mobiliar zu verkaufen, wurde aus Versehen auch die Urne verkauft, später aber zurückgegeben. Heute ist das Herrenhaus Sitz einer amerikanischen Universität.

Auf der Fahrt zu diesem Haus fühlte ich mich seltsam unbehaglich. Nie zuvor hatte ich etwas so Außergewöhnliches wie dieses Gebäude gesehen. Die Direktorin, Frances Watkins, führte mich voller Enthusiasmus durch die beeindruckenden Räume. Sie berichtete, daß viele Studenten und Lehrer über Jahre hinweg Geister gesehen hätten, weswegen mehrere Lehrer unerwartet ausgeschieden seien. Ihnen war das Leben hier zu unheimlich, obwohl

sich niemand über die Existenz der verschiedenen Erscheinungen sicher war.

Frau Watkins zeigte mir auch einige hinter Mauern und offenen Kaminen versteckte Geheimgänge. Zu Frau van der Elsts Zeiten waren alle Teppiche im Haus schwarz und die Gänge angefüllt mit gruseligen Statuen. Auch jetzt noch spürte ich, trotz der Collegeatmosphäre, eine überwältigende, mystische Kraft, als ich die breite geschnitzte Treppe hinaufstieg. Das Haus lebte geradezu durch Geister der Vergangenheit. In der Bibliothek war dies besonders stark zu spüren. Es wäre auch nur schwer vorstellbar, daß die Liebe, Hingabe und Eigenart der früheren Bewohner keine Spuren in diesem prunkvollen Gebäude hinterlassen hätten. Zwei Monate nach meinem Besuch erfuhr ich von einer jungen Frau, die zwei Jahre lang als Lehrerin auf Harlaxton gewohnt und mehrere entnervende Erlebnisse hatte. Während sie und ihre Studenten ein Video ansahen, erspähte sie den verschwommenen Umriß eines großen Mannes an der Bibliothekstür. Sie fühlte ein schweres Gewicht auf sich lasten und stand wie angewurzelt zwanzig Minuten lang vor diesem Bild, bis es plötzlich verschwand.

Eine weitere, oftmals beschriebene Erscheinung ist ein schwarzbemantelter Mann, der nachts am Fußende der Betten auftaucht. Viele Zeugen wollen ihn – unabhängig voneinander – gesehen haben.

Gight Castle

Aberdeenshire, Schottland

Und Ruin ist geprägt auf meine Türme und Mauern,
Zu grau um zu verblassen, und zu mächtig nicht zu dauern;
Er erzählt nicht vom Verfall des Sturmes noch der Zeit,
Doch vom Schiffbruch der Linie,
ihrer einstgen Herrlichkeit.
(Lord Byron, 1788 – 1824)

Das trostlose und windgepeitschte Grundstück des zur Ruine zerfallenen Gight Castle steht heute als anschauliches Denkmal für den wilden und widerspenstigen Gordon-Clan. Bekannt als „Gey" Gordons, wobei „Gey" rücksichtslos bedeutet, ging die Geschichte dieses Clans in die schottische Folklore ein. Catherine Gordon war dreizehnte und letzte Laird of Gight. Ihr Mann, „Mad Jack" Byron, verspielte das Vermögen. Ihr einziges Kind war der berühmte Dichter Lord George Gordon Byron, dessen berüchtigtes Verhalten die Nation schockte.

George Gordon, Lord Haddo (1764 – 1791)
(National Trust for Scotland)

Der zweite Laird (Gutsbesitzer) hatte das Schloß 1560 erbaut, und von da an wird die Geschichte des Clans geprägt von Morden, Gefangenschaft, Hinrichtungen, Selbstmorden und plötzlichen Todesfällen. Einige Tote konnten keine Ruhe finden und spuken jetzt auf dem Grundstück. Unter ihnen ist Byrons Mutter, deren mitleiderregender, flehender Geist beim Schloß gesehen wurde. Lange bevor ihr Mann das Schloß verkaufen wollte, um seine Schulden zu bezahlen, prophezeite der fahrende Seher Thomas the Rhymer:

Wenn der Reiher verläßt des Baumes Rand
Verliert der Laird o'Gight sein Land.

Zunächst fiel der geplante Verkauf des Hauses 1786 aus, doch als böses Omen flogen die Reiher, die immer unterhalb des Schlosses am Fluß Ythan genistet hatten, nach Haddo, dem Sitz eines anderen Zweiges des Familienclans. Im folgenden Jahr erwarb der dritte Earl of Haddo das Schloß zu einem Spottpreis für seinen Sohn. Bei einem Reitunfall fand der Siebenundzwanzigjährige 1791 auf dem Grundstück einen tragischen Tod. Das Schloß verfiel, aber den Geist des edlen jungen Mannes kann man noch immer durch die alte Allee vor der Ruine reiten sehen.

Eine andere Sage berichtet von einem dunklen, bodenlosen Strudel in der Nähe des Schlosses, der „Hexenbeerenkessel" genannt wird. Einer der letzten Lairds soll Hexerei betrieben und bei einer Belagerung seinen Schatz in diesem Wasserloch versteckt haben. Als er später zwei Taucher hinunterschickte, um ihn zu bergen, verschwand einer von ihnen. Der andere wurde verrückt und erzählte, er habe den leibhaftigen Teufel von Schlangen umringt gesehen.

Bodmin Moor
Cornwall, England

Dies ist der verwunschenste Landstrich, den ich kenne. Ein düsterer, wilder und gefährlicher Ort, voller uralter Geschichten und Mythen. Die Gegend übt eine seltsame Anziehungskraft aus, einen grausamen Fluch, der einen unvermutet in sein Spinnennetz schauriger Symbole lockt; Steinkreise, keltische Hochkreuze, verlassene Bergwerke, tiefe, geheimnisvolle Tümpel und die Überreste vorgeschichtlicher Dörfer liegen über das Moor verstreut. Wenn dann die Dämmerung hereinbricht, wandern wilde Tiere unsichtbare Horizonte entlang und die Geister von Urzeitmenschen sollen – so wird erzählt – aus ihren Gräbern aufstehen.

Eines Sommerabends fuhr ich durch diese Wildnis in der Nähe des Dorfes Minions. Ich war schon einmal dort gewesen, um Aufnahmen einer alten Grabkammer zu machen, die mit dem Gespenst eines Druidenpriesters in Verbindung gebracht wird. Die Erinnerung an eine Gruppe geisterhafter, verlassener Bergwerksgebäude, die sich gegen den Himmel abheben, war noch frisch. Dies erinnerte mich an den Aberglauben der Bergarbeiter und die gespenstischen Klopfgeräusche, die man immer noch aus

Stillgelegtes Bergwerk im Bodmin Moor

„The Cheesewring“ im Bodmin Moor

Frederick William Densham,
von 1931 bis 1953 Pfarrer von Warleggan

der Tiefe dieser schon lange nicht mehr benutzten Gruben hören soll. Weit entfernt konnte ich die seltsame, schiefe Felsformation Cheesewring sehen, die vielfach als Quelle verborgener Kräfte angesehen wird. Es war inzwischen fast dunkel und deshalb suchte ich eine Übernachtungsmöglichkeit.

Ein paar Meilen weiter auf dem Moor fand ich ein Gasthaus, das Zimmer vermietete. Nach dem Essen ging ich in die Wirtsstube, um etwas zu trinken. Sie war leer bis auf einen alten Mann, der sich mit einer großen, lächelnden Frau unterhielt, die ihn bediente. Mir kam gleich die alte Kneipe aus dem Film *Der Hund von Baskerville* nach dem Buch von Conan Doyle in den Sinn. Sie hätte eine Nachbildung dieses Wirtshauses sein können; es war düster, mit Steinboden und ungewöhnlichen Ornamenten und alten Drucken von Jagdszenen an den Wänden. Wir sprachen über das Moor und mein Interesse am Übernatürlichen. Die beiden Einheimischen erzählten mir außergewöhnliche und furchterregende Geschichten über das, was „dort draußen in der Wildnis liegt". Geschichten von gespenstischen Kutschen mit Skeletten als Fahrern, von Menschen, die im urplötzlich auftauchenden Nebel buchstäblich verschwanden und von abgelegenen Plätzen, an denen man schreckliche Gefühle „zeitloser Melancholie" und „böser Vorahnungen" erfährt. Schließlich fragte mich der alte Mann, ob ich schon in Warleggan gewesen sei, dem angeblich einsamsten Dorf auf dem Moor, oder von seinem verschrobenen Vikar gehört hätte, der Hexerei betrieben hätte und immer noch auf dem Pfarrgrundstück umgehen soll. Ich nahm mir vor, am nächsten Tag dort vorbeizufahren, und ging zu Bett.

Am Morgen fuhr ich in dieses abgelegene Dorf und ging zu der kleinen alten Kirche. Dort traf ich einen alten Mann, der auf dem überwucherten Friedhof das Gras mähte. Er hatte den Vikar, Reverend Densham, noch persönlich gekannt. Dieser war in der Gegend vollkommen fremd und kam 1931 in die Pfarrei. Seine Vergangenheit blieb ein Geheimnis, obwohl Gerüchte umgingen, daß er als Missionar in Indien gewesen sei. Während der ersten zwei Amtsjahre empörte seine unkonventionelle Art den Gemeinderat so sehr, daß sie den Bischof in Truro ersuchten, ihn zu versetzen. Das Gesuch blieb ohne Erfolg, die Einheimischen aber mieden fortan die Kirche. Als Antwort hierauf baute der Vikar einen vier Meter hohen Stacheldrahtzaun um das Pfarrhaus und lebte in den folgenden zwanzig Jahren wie ein Einsiedler. Er bemalte die Innenwände des Pfarrhauses in bunten Farben und mit roten Kreuzen in jedem Raum. Von daher kam die Anschuldigung, er betreibe Hexerei. Weiterhin las er jeden

Keltisches Kreuz, Bodmin Moor

Dozmary Pool, der legendenumwobene Teich beim Bodmin Moor

Sonntag in der leeren Kirche die Messe und notierte fast jede Woche denselben Eintrag im Meßbuch: „Kein Nebel, kein Wind, kein Regen, keine Gemeinde". In seiner tiefen Einsamkeit und Schrulligkeit fertigte er lebensgroße Pappbilder früherer Pfarrer an, die seinen Predigten lauschen sollten, in denen er meist von der Gottesliebe sprach. Noch trostloser war der Kinderspielplatz, den er auf dem Pfarrgrundstück eingerichtet hatte, denn Kinder kamen nie. Er starb 1953, so wie er gelebt hatte, allein, auf der Treppe, als er versuchte, das Glockenseil zu greifen und Hilfe herbeizurufen. Sein Körper wurde erst zwei Tage später entdeckt und in einem „Dogcart" weggeschafft. Sein unruhiger und betrübter Geist soll auf dem überwucherten Pfad zwischen Kirche und Pfarrhaus umhergehen. Der alte Mann meinte, in Wirklichkeit sei der Vikar ein freundlicher und intelligenter Mensch gewesen, der meilenweite Wege nicht scheute, um Kranke oder Sterbende zu besuchen. Er sei lediglich das Opfer der Umstände geworden.

Bewegt von dieser bizarren Geschichte verließ ich das Dorf. Nach wenigen Meilen stieß ich auf einen Wegweiser zum Dozmary Pool, wo der Sage nach König Arthurs Schwert Excalibur der Lady of the Lake zugeworfen wurde. Ich lief hinunter zum Seeufer und starrte über das dunkle, ruhige Wasser wie über eine unheimliche Mondlandschaft. Und wieder hatte ich das Gefühl, als stände ich an der Grenze zum Reich des Unbekannten.

Athcarne Castle
County Meath, Irland

Der Sieg der protestantischen Streitkräfte über die katholische Armee bei der Schlacht an der Boyne im Jahre 1690 drückte der irischen Geschichte jahrhundertelang ihren Stempel auf. Die düstere Ruine von Athcarne Castle liegt nur sechs Meilen vom Schauplatz dieser folgenschweren Schlacht entfernt, die auch der umliegenden Landschaft eine tragische Aura verlieh. Der Sage nach übernachtete der unglückliche James II. vor der vernichtenden Niederlage in diesem Schloß. Bis zum heutigen Tag soll seine aschfahle, hochmütige Erscheinung in den Schloßruinen umgehen.

Es gibt noch weitere Zeugnisse wie jenes geisterhafte Gemälde, das einen toten Soldaten zeigt, der von einer Eiche auf die Erde herabhängt. Noch unheimlicher ist die Erscheinung eines wahnsinnigen jungen Mädchens mit starrem Blick, deren Hände von Blut triefen. Zuletzt will sie vor drei Jahren ein Landarbeiter gesehen haben. Ob das Blut ihr eigenes oder das ihres Liebhabers ist, werden wir nie erfahren.

Das Schloß wurde ursprünglich im sechzehnten Jahrhundert von William Bathe auf Ländereien erbaut, die man der Familie nach der normannischen Eroberung Irlands im zwölften Jahrhundert übertragen hatte. Drei Mitglieder dieser Familie stellten in späteren Jahrhunderten die Oberrichter Irlands.

Ich fühlte hier eine unheimliche Grabesstille. Es war leicht, sich vorzustellen, daß viele der Geheimnisse des Schlosses in diesen massiven, heruntergefallenen Steinblöcken gespeichert sein müssen.

James II (1633 – 1701)
(National Portrait Gallery, London)

Friedhof St. Peter

Drogheda, County Meath, Irland

Schreckenerregend wirken diese beiden großen und schaurigen Kadaversteine, die in die hohe Friedhofsmauer hinter der St. Peterskirche in Drogheda eingemauert wurden. Es handelt sich um den gewaltigen Sargdeckel der Gräber von Sir Edward Golding aus Peristown Laundy und seiner unglücklichen Frau Elizabeth Fleming, der Tochter des damaligen Baron of Slane. Beide sollen im sechzehnten Jahrhundert bei einem mysteriösen Bootsunfall im nahegelegenen Fluß Boyne ertrunken sein, und zwar zusammen mit Sir Edwards Geliebter, deren Tod oder Grab nicht überliefert ist. Ihre Skelettabbildungen stehen kerzengerade, mit dem Rücken einer engen Häusergasse zugewandt. Das unheimliche Bild aus früherer Zeit wirkt noch unwirklicher vor dem Hintergrund der Fernsehantennen und Telefondrähte. Der heutige Vikar von St. Peter, dessen wunderschönes altes Pfarrhaus nahe beim Friedhof steht, kannte die Geschichte vom Wassertod und sagte, gleichgültig ob sie wahr sei oder nicht, würden die Mahnmale von den Einheimischen mit „heiligem Schrekken" betrachtet.

Seit meiner Ankunft war Regen vom düsteren Himmel gefallen, doch plötzlich blitzte die Sonne durch und beleuchtete die feuchten, jetzt aber glänzenden Denkmäler mit einem unheimlichen Schein. Als ich dann Aufnahmen machte, bemerkte ich, daß eine alte Frau mich beobachtete. Ich wartete ein wenig. Als sie aber nicht wegging, fragte ich sie, was sie über die Grabplatten wisse. Auch sie erzählte mir die Geschichte vom Ertrinken, fügte aber hinzu, über die Jahre hinweg hätten die Leute behauptet, die Figuren erwachten manchmal zum Leben, um Passanten Angst einzujagen. Aber sie könne sich nicht vorstellen, wie das zugehen solle.

Ich fotografierte weiter, während sie mir folgte. Dann hörte ich sie sagen: „Mein Hund geht nie auf den Friedhof, er fürchtet sich hier vor etwas." Und ein paar Minuten später fuhr sie fort: „Seit dem Tod meines Mannes gehe ich nicht mehr auf der Gasse hinter der Mauer spazieren, weil ich einmal zu Tode erschrak, als mich ein langer Schatten überholte."

Craig Hall

Perthshire, Schottland

Die Lage keines der vielen verwunschenen Häuser, die ich während meiner Reisen auf den Britischen Inseln besucht habe, ist zu vergleichen mit Craig Hall in Perthshire, dem Stammhaus der Familie Rattray. Das Haus thront gefährlich und spektakulär am Rande einer steilen Klippe über dem Fluß Ericht. Sieht man es nachts von der Straße aus, kann es auch bei hartgesottenen und überzeugten Zweiflern an der Existenz des Übernatürlichen Alpträume auslösen.

Schier endlos windet sich die lange und mit Schlaglöchern übersäte Straße zum Haus hinauf. Ich hatte danach den Eindruck, als hätte ich auf dem überwucherten Weg beinahe jede Gattung der schottischen Tier- und Pflanzenwelt gesehen. Endlich, nach einer besonders scharfen Kurve, lag der Herrensitz vor mir; eine Unmenge an Türmen und Türmchen, gewundene eiserne Balkone unter düster starrenden Fenstern, die ganze Szenerie in ein Spinnennetz kahler Bäume getaucht. Es war am Ende eines wunderschönen Sommertages. Doch kaum hatte ich einen Blick auf das geheimnisumwobene Gebäude geworfen, über das die abendlichen Schatten krochen, da hatte ich das Gefühl, als sei ich durch eine unsichtbare Pforte in eine Halbwelt eingetreten.

Da auf mein Läuten keine Antwort kam, drückte ich die Türklinke. Die Tür war offen und ich trat ein. Die Diele und die Gänge waren dunkel, mit ausgebleichten Wandteppichen, Rüstungen und beeindruckenden Familienportraits ausgestattet. Die Familie der Rattrays, es handelt sich um katholische Royalisten, bewohnen den Herrensitz seit dem sechzehnten Jahrhundert. Sie hat eine ähnlich wechselvolle und gewalttätige Geschichte wie viele andere der Hochlandclans. Der Name Rattray stammt aus vorgeschichtlicher Zeit und leitet sich vom altgälischen Wort *rath* ab, das eine alte Erdbefestigung bezeichnet.

Schließlich spürte ich Lachie, den jetzigen Besitzer, auf, der in einem Hinterzimmer ein Moorhuhn für das Abendessen rupfte. Er lebt auf dem Schloß zusammen mit seiner Frau Nicky und ihrem kleinen Sohn, die aber beide nicht zu Hause waren. Lachie ist ein kluger und sensibler Mann. Bald schon sprachen wir bei einem Drink über das Thema Geister. Als Kinder waren er und seine Geschwister verängstigt ob der zahlreichen seltsamen Geräusche, Schritte und Klopfzeichen, die mitten in der Nacht auf dem Herrensitz zu hören waren. So hatten sie auch zuviel Angst, um im unheimlichen, düsteren Nordgang zu spielen, wo

Das Spuk-Schlafzimmer von Craig Hall

sie sich immer von irgendetwas oder irgendjemandem beobachtet fühlten. Dieser Gang führt zum North Room, der im ältesten Teil des Hauses liegt, mit Blick über den Fluß und den steilen Abhang hinunter in die Schlucht. Manche Menschen behaupten, sie würden an dieser Stelle von einer „unwiderstehlichen" Kraft zum Fenster gezogen. Lachie erzählte mir, der Raum werde vom Geist eines Bediensteten heimgesucht, der von Cromwells Männern aus dem Fenster geworfen worden war, weil er sich weigerte, das Versteck der Familie zu verraten. Merkwürdige Klopfzeichen seien nachts an den Fensterscheiben gehört worden, und das Gespenst einer Weißen Frau gehe im Zimmer um.

In seiner Jugend wurde die Phantasie Lachies immer wieder durch Besuche seiner Tante Mona angeregt, die an Elfen glaubte. Er zeigte mir einige merkwürdige und schöne Bilder, die seine Tante von „ihren Freunden" gemalt hatte. Die einzige Erfahrung in jüngerer Zeit, die Lachie auf dem Herrensitz Angst einjagte, ereignete sich im Turm, in dem der Geist einer alten Dienerin spuken soll. Eines Nachts wachte er auf und spürte einen ungeheuren Druck auf seiner Brust. Ein gewaltiges Gewicht preßte ihm den Atem aus dem Körper. Doch er schaffte es, diesen Druck abzuschütteln. Seither fühlt er sich im Schloß wohler.

Lachies Vater, der achtundzwanzigste Clan-Chief, wohnt in einem kleinen Haus direkt neben dem Herrensitz, wo er an einem Spionageroman über den KGB schreibt. Auch er glaubt, daß die Atmosphäre des Hauses sich zum besseren verändert hat, besonders seit vor drei Jahren ein russisch-orthodoxer Bischof bei einem Exorzis-

LACHIE UND NICKY RATTRAY

mus die Dämonen vertrieben hätte. Als man mir sagte, daß ich im North Room schlafen solle, mußte ich noch schnell einen doppelten Whisky trinken, bevor ich mich verabschiedete.

Der Raum war eisig kalt, also schloß ich schnell das Fenster und war dabei bemüht, nicht aus dem Fenster und den steilen Abhang hinunterzuschauen. Schnell zog ich mich aus und stieg in das reich geschmückte Himmelbett. Etwas beunruhigt nahm ich ein Buch, um etwas mehr über die faszinierende Geschichte der Familie Rattray zu erfahren, bevor ich einschlief. Die letzten Worte, an die ich mich erinnere, waren das Familienmotto: „Unsere Hoffnung liegt jenseits des Himmels".

Gegen sechs Uhr in der Frühe wachte ich fröstelnd auf und hörte ein Rascheln im Zimmer. Voller Furcht knipste ich das Licht an und sah gerade noch, wie ein kleiner Vogel aus dem Fenster flog. Erleichtert stand ich auf, um das Fenster zu schließen, doch als ich zu meinem warmen Bett zurückging, fragte ich mich, wer es denn geöffnet hatte. Mit dem Schlafen war es vorbei. Ich packte und war froh, daß ich Lachie gebeten hatte, mich früh zu wecken. Gegen sieben brachte er mir eine Tasse Kaffee und als er wieder zu Bett ging, machte ich mich zu meinem nächsten Ziel im Norden Schottlands auf.

Ich verließ das Haus unruhig und verkatert. Ein Gefühl der Erleichterung erfüllte mich, als ich den Motor anließ und die lange Auffahrt hinunterfuhr. Dabei kam mir in den Sinn, was Lachie beim Abendessen angedeutet hatte: Wahrscheinlich ist selbst die Straße verflucht. Der Mann, der sie baute, starb am Tag ihrer Fertigstellung.

Oldstone Hall

Devon, England

Dieses ausgebrannte Herrenhaus liegt inmitten der unberührten Landschaft der South Hams, die voll ist von absonderlichen Mord- und Spukgeschichten. Mein Besuch war ein unvergeßliches Erlebnis. Ich kam am Hintereingang an. Es war Winter und hatte heftig geregnet. Ich bog in eine schmale Einfahrt voller Schlaglöcher, die von düster herabhängenden Bäumen gesäumt wurde. Es war ein einziges Schlammloch. Plötzlich kam vor mir ein Traktor um die Ecke und hielt. Der Bauer fragte, ob er mir helfen könne. Ich bat um die Erlaubnis, das Haus fotografieren zu dürfen. Er stimmte zu und sagte mir, ich könne seinen Vater, der drüben im Bauernhaus war, nach der Geschichte des Hauses fragen.

Ich parkte auf dem Hof und ging zur Ruine. Der Wind heulte durch die das Haus umgebenden skelettartigen Bäume. Dunkle Wolken strichen über die Sonne, die ab und an das efeubedeckte Gebäude in seiner ganzen gespenstischen Pracht beleuchtete. Als ich mit dem Fotografieren fertig war, ging ich schnell zurück zum Bauernhaus und war gespannt darauf, seine dunklen Geheimnisse zu erfahren. Ein alter Mann öffnete langsam die Tür. Während seine Tochter eine Tasse Tee zubereitete, begann er von der Vergangenheit zu erzählen. Seine Familie wohnt seit 1944 hier. Ein Teil der Mauern des Bauernhauses stammt noch aus der angelsächsischen Zeit im ersten Jahrtausend. Das Herrenhaus selbst, das der mit Wolle handelnden Familie Cholwich gehörte, wurde im achtzehnten Jahrhundert auf dem Grundstück eines Klosters erbaut. Zu seiner Blütezeit gehörten zum Besitz drei Teiche, eine Grotte, zahlreiche Geheimgänge und eine Einsiedlerhöhle, die inzwischen alle verfallen sind.

Das Haus wurde an Percy Dimes verkauft, einen ehemaligen Verwalter der Familie Cholwich. Dann ereignete sich eine schreckliche Katastrophe. Dimes hatte eine hübsche Tochter, Laura, die sich unsterblich in den Jurastudenten Hugh Shortland verliebte, der aus Neuseeland stammte. Ihre Eltern waren gegen den Liebhaber und erlaubten ihm nicht, das Grundstück zu betreten. Deshalb traf sich das Paar im Wald beim „Mönchsteich". Sie heirateten heimlich, ohne Wissen der Eltern. Eines Morgens ging Laura nach ihrem Ausritt wieder in den Wald und kam nie mehr zurück. Später tauchte ihre Reiterkappe im Teich auf, drei Zoll über dem Wasser und in Ufernähe. Eigenartigerweise stand ihre Leiche kerzengerade im Wasser, und zwar genau unter der Mütze. Shortland wurde unter Mordverdacht verhaftet. Er bestritt die Anklage, verteidigte sich vor Gericht selbst und wurde freigesprochen. Was wirklich geschah, ob es Mord oder Selbstmord war, bleibt ein Geheimnis.

Die Eltern waren untröstlich. Zehn Jahre später verbrannte das Haus unter mysteriösen Umständen. Die Familie war immer davon überzeugt, daß Lauras Geist im Haus spuke. Sie nannten ein Zimmer „Geisterzimmer", nachdem ein Kaminfeger etwas Schreckliches hoch oben auf einer Mauer gesehen hatte. Bei dem Brand blieb ausgerechnet dieses Zimmer unversehrt. Der alte Mann fügte hinzu, daß man Lauras Erscheinung immer noch bei den Ruinen sehen könne. Doch sie hätten auch andere Gespenster gesehen, zum Beispiel ein Wesen, das beim Bauernhaus hoch oben auf dem alten Torbogen kauerte. Sein Sohn hatte das Gespenst eines kleinen Mannes beobachtet, mit langem grauem Bart, spitzem Kinn und in Kleidern aus der Zeit kurz nach 1900. Sein Sohn bestätigte später diese Geschichte: Der Geist sei durch die Mauer gekommen, zu seinem Bett gelaufen und dann durch die elektrische Leitung in der Decke verschwunden. Bald danach hagelte es etwa zehn Minuten lang ununterbrochen Steine auf das Dach.

Es war Zeit für mich zu gehen. Die Sonne ging schon über dem zerfallenden Torbogen unter. Ich ging fröstelnd hindurch, konnte aber wegen des dicken Schlammes nicht so schnell gehen, wie ich es gern getan hätte.

13 Henrietta Street
Dublin, Irland

Als die Henrietta Street ursprünglich entstand, galt sie als eine der angesehensten Adressen in Dublin, doch jetzt liegen viele dieser schönen georgianischen Häuser mehr oder weniger in Trümmern. In ihrer Blütezeit zog der Glanz dieser Straße wichtige Persönlichkeiten von Erzbischöfen bis hin zu Aristokraten an. Die Nummer 13 war das Stadthaus des Viscount Nicholas, Lord Loftus, dem ersten Earl of Ely. Heute wohnen dort Michael und Eileen Casey mit ihren fünf Kindern.

Ich näherte mich der Straße an einem sehr kalten, schönen Wintertag, als das klare Sonnenlicht diesen verfallenden Gebäuden neues Leben einhauchte und sie unwirklich erstrahlen ließ. Als ich die Straße hinunterschlenderte, war mir, als sei ich Teil eines vorherbestimmten Traumes, als könne ich an jede Tür klopfen und in jede Phantasiewelt eintreten, die ich mir nur vorstellen konnte.

Der Abfall auf der Straße und die Graffiti an den Wänden konnten nicht von der Schönheit dieser Häuser ablenken. Jede Tür war ein Kunstwerk für sich, so wie es viele in Dublin sind. Aufgeregt und voller Erwartung klopfte ich. Beinahe sofort öffnete sich die Tür, und ich stand einem kleinen Jungen gegenüber, der einen Besenstiel als Schwert und ein beschädigtes Tablett als Schild in seinen Fäusten hielt. Ich stellte mich vor. Er sagte mir, daß seine Mutter krank im Bett liege und daß sein Vater mich erwarte und bald heimkommen werde. Dann führte er mich durch den Flur in einen großen Raum, in dem zwei seiner Brüder damit beschäftigt waren, ein Schloß zu verteidigen, das sie aus umgedrehten Stühlen gebaut hatten.

Ich fragte die Jungen, ob es in Ordnung sei, wenn ich das Haus schon einmal anschaue. Das bejahte der Älteste, während die Zimmerschlacht weitertobte. Die Zimmer waren geräumig und fast ohne Mobiliar. An einigen Wänden traten Backsteine offen zutage, und überall schälte sich in merkwürdig perfekten Mustern, wie bei wertvollen Kunstwerken, Farbe von den Wänden und Decken. Auf einigen Wänden waren neben bemerkenswerten Ahnenbildern ergreifende literarische Graffiti mit Kreide geschrieben. Marmorbüsten und Statuen starrten mich aus verschiedenen Ecken an, und neben einem Gemälde, das Muscheln zeigte, lagen auf staubigen Tischen Stapel antiquarischer Bücher und altes Spielzeug. Das ganze Szenario wirkte ungeheuer anregend und war von einer altehrwürdigen Dekadenz.

Inzwischen war Michael Casey nach Haus gekommen und begrüßte mich. Der redegewandte und begeisterungsfähige Mann wurde an Halloween, dem Tag der Geister vor Allerheiligen, geboren. Er arbeitet als Spezialist für Tricks und Effekte beim Film. Schnell erzählte er mir die Geschichte seiner Familie. Die Caseys waren Händler in der Stadt, hatten mit Wein zu tun und wohnten seit 1840 in der Fishamble Street – sein Vater und sein Onkel leben immer noch dort. In dieser Straße hatte er auch seine ungewöhnlichste Begegnung mit dem Übernatürlichen.

An einem sonnigen Apriltag im Jahre 1971 hörte er um die Mittagszeit Pferde auf der Straße. Da ihm das seltsam vorkam, ging er hinaus, um nachzusehen. Er sah zwei Männer, gekleidet nach der Mode des achtzehnten Jahrhunderts und Perücken tragend, die eine Kutsche anscho-

ben. Er rannte ins Haus, um seine Familie zu rufen, doch als sie nach draußen kamen, war die Erscheinung verschwunden. Es war um so seltsamer, weil es am hellichten Tag passierte. Außerdem fiel ihm ein, daß am gleichen Tag, dem 23. April 1742, im Fishamble Street Theatre in

Michael Casey und zwei seiner Söhne in der Henrietta Street 13 in Dublin

Dublin die Erstaufführung von Händels *Messias* stattgefunden hatte. Damals hatte man am Nachmittag vor der abendlichen Premiere noch eine Kostümprobe abgehalten. Es ist auch interessant zu erwähnen, daß das Theater schon lange, bevor es gegen Ende des neunzehnten Jahrhunderts abgerissen wurde, im Ruf stand, es würde dort spuken.

Jetzt stieß Michaels Onkel zu uns. Das Hobby dieses empfindsamen und ruhigen Mannes ist das Sammeln von Totenmasken. Er erzählte von seinen eigenen unheimlichen Erfahrungen in der Henrietta Street 13. Vor sieben Jahren, als sein Neffe verreist war, hatte er alleine hier übernachtet und dabei wiederholt das Gefühl, eine Person oder etwas Ungewöhnliches stehe in der Ecke am oberen Ende der Hintertreppe. Michael hatte dort ebenfalls eine Erscheinung beobachtet. Auch die Nachbarin erzählte, sie habe von ihrem Fenster aus oft eine altmodisch gekleidete Dame im Haus stehen sehen, aber ein Priester hätte diesen Geist ausgetrieben.

Wenn man solche Geschichten hört, überrascht es nicht, daß es auch in anderen Häusern der Straße spuken soll. In einem Fall wiederholt der Geist eines Dienstmädchens ihren Todessprung aus dem Fenster im vierten Stock. Bevor ich ging, erforschte ich das Haus ein letztes Mal und notierte von einer der Wände den folgenden Satz, der mich sehr nachdenklich stimmte:

> „Das Genie trägt auf seiner Stirn das Kainszeichen, an dem es die Menschen erkennen – und haben sie es erkannt, so steinigen sie es.“
>
> *Aldous Huxley*

Im Gebäude Henrietta Street 13 in Dublin

Julian's Bower
Alkborough, Lincolnshire, England

Eine Aura des Mysteriösen und der Zauberei umgibt die uralten Irrgärten und Labyrinthe in der ganzen Welt. So etwa der legendäre, mit zahlreichen unübersichtlichen Gängen ausgestattete Palast des Königs Minos auf Kreta, mit dem von Dädalus erbauten Gefängnis des Minotaurus, der hier schließlich von Theseus erschlagen wurde. Oder die frühe Kirche, die das Labyrinth als Symbol für den christlichen Weg zur Erlösung übernahm. Irrgärten aus Torf trugen oft den Namen „Julians Laube" oder „Die Mauern Trojas". Es wird angenommen, daß diese Namen daran erinnern sollen, daß Julius, der Sohn des Äneas und legendäre Gründer Roms, diese Irrgartendarstellungen vom besiegten Troja nach Italien gebracht hat.

Man vermutet, daß der hier abgebildete Irrgarten erstmals von Mönchen aus dem nahen Walcot in den Torf geschnitten wurde. Zur elisabethanischen Zeit sollen die Dorfkinder darin gespielt haben. Seit Jahren wird von gespenstischen, aber durchaus freudigen Klängen singender und rufender Kinder berichtet, die aus dem verlassenen Irrgarten herüberschallten. Als 1973 ein pensionierter Archäologe mit seiner Familie diesen Ort besuchte, benahm sich eines seiner Kinder sehr merkwürdig und brach in Tränen aus. Auf die Frage seiner Mutter erwiderte er: „Sie wollen mich nicht mitspielen lassen." „Wen meinst du?" fragte sie zurück. „Die kleinen Kinder in den lustigen Kleidern", entgegnete er beleidigt. „Ich weiß nicht, wie man ihr Spiel spielt." Aber außer seinen Eltern und seinem älteren Bruder war niemand zu sehen.

John Maitland, Herzog von Lauderdale (1616 – 1682)
(Victoria & Albert Museum, London)

Thirlestane Castle
Berwickshire, Schottland

Thirlestane, eines der ältesten und prächtigsten Schlösser Schottlands, ist seit 1590 der angestammte Wohnsitz der Familie Maitland, den Earls of Lauderdale. Eines ihrer namhaftesten Mitglieder, der mächtige und umstrittene John Maitland, zweiter Earl (1616 – 82) und später zum Duke of Lauderdale ernannt, soll immer noch im Schloß umgehen. Als streitbarer Royalist und enger Freund Charles II. kämpfte er 1651 neben dem König in der Schlacht von Worcester. Er wurde dort gefangen genommen und verbrachte die nächsten neun Jahre, zum Tode verurteilt, im Tower von London. Während der Restauration wurde er freigelassen und zum Minister für Schottland ernannt. Er war ein stattlicher, rauher Mann mit einem klugen Kopf und einer ausschweifenden Lebensart, aber in seinem Benehmen war er ungehobelt und arrogant. Er verfügte über eine solche Macht, daß er praktisch der ungekrönte König Schottlands war. Doch er mißbrauchte seine Autorität und machte sich viele Feinde. König Charles II. mußte ihn schließlich gegen seinen Willen zum Rücktritt bewegen.

Die Ortsansässigen lebten in großer Angst vor diesem überlebensgroßen Tyrannen, und Gerüchte über seine Trunksucht und seine Weibergeschichten gingen um. Nur sechs Wochen, nachdem seine erste Frau im Alter von siebenundzwanzig Jahren gestorben war, heiratete er die berüchtigte Elizabeth Murray, Countess of Dysart (siehe Ham House, Richmond, Seite 85), der man den Mord an ihrem früheren Gatten vorwarf. Sie heiratete den skrupellosen Grafen, um ihren Ehrgeiz zu befriedigen, während er selbst vollkommen vernarrt in sie war. Zusammen verwandelten sie das Schloß in einen Palast, von dem aus der Graf Schottland regieren konnte. Es war eine stürmische Ehe. Einmal soll Lady Dysart mit vierzehn Kutschen, die mit Möbeln aus dem Schloß beladen waren, nach London abgefahren sein.

Der ruhelose Geist des Grafen soll auch in der St Mary's Church im benachbarten Haddington umgehen, wo er in der großen Familiengruft der Maitlands beigesetzt wurde. Sein Begräbnis war eine grandiose Zeremonie, an der mehr als zweitausend Reiter teilnahmen. Neben seinem reich verzierten Sarg steht eine große bleierne Urne mit seinem Hirn und seinen Eingeweiden. Jedesmal, wenn man später die schwere Eisentür zur Gruft öffnete, soll sich sein Sarg immer wieder bewegt haben, was seinen ehrfurchtgebietenden Ruf noch verstärkte.

Skyrne Castle
County Meath, Irland

Der magische Hill of Tara war einst das religiöse, politische und kulturelle Zentrum Irlands. Heute sind die Paläste der Hohen Könige, deren Geschichte bis in das dritte Jahrhundert zurückreicht, verschwunden. In Höhlen unter Tara wurden in Ganggräbern Skelette gefunden aus der Zeit von 2000 vor Christus und noch früher. Ein ganz ähnlicher Berg mit Namen *Gnoc Ghuil* oder „Berg des Weinens" liegt gleich nebenan. An seiner Südseite mit ihrer eindrucksvollen Atmosphäre erbaute der normannische Ritter Adam de Feipo gegen Ende des zwölften Jahrhunderts Skyrne Castle. Das Schloß wechselte mehrmals den Besitzer und zerfiel, wurde jedoch im frühen neunzehnten Jahrhundert restauriert, als man das heutige Gebäude um den alten Bergfried baute; die Stärke der Mauer zeugt heute noch vom Alter des Turms.

Natürlich überrascht es nicht, daß ein an einem solch mystischen und heiligen Ort gelegenes Schloß und seine wunderschöne Umgebung von zahlreichen Geistererscheinungen heimgesucht werden. Unter anderem spuken dort eine Nonne und eine große Gestalt im Mantel mit einem Hund. Wer kann je die dunklen Geheimnisse der vielen Generationen ergründen, die auf diesen geistbesessenen Ländereien lebten und ihre Gottesdienste abhielten? Vor allem der Geist einer Weißen Frau und die gespenstischen Schreie, die man mitten in der Nacht durch das Schloß hallen hört, machen diesen Besitz zum Spukschloß.

Zu Beginn des achtzehnten Jahrhunderts kam nach dem plötzlichen tragischen Unfalltod ihrer Eltern ein scheues junges Mädchen namens Lilith Palmerston als Mündel des damaligen Besitzers Sir Bromley Casway auf das Schloß. Ihr Vormund war chronisch gichtkrank und an den Rollstuhl gefesselt. Das bedeutete, daß Lilith dem alten Mann ihre ungeteilte Aufmerksamkeit schenken mußte. Auch sein Augenlicht schwand und er verlangte von ihr, ihm seine Lieblingsgeschichten über den geheimnisumwobenen Orient und das tiefste Afrika vorzulesen, dessen Bräuche ihn so faszinierten. Als es an der Zeit war, schickte er Lilith auf eine vornehme Schule in Dublin, wo sie zur schönen jungen Frau erblühte. Aber statt ihr zu erlauben, die Verlockungen und Reize der Dubliner Gesellschaft zu genießen, verlangte Sir Bromley, daß sie nach Skyrne zurückkehre, um ihn zu pflegen.

Die arme Lilith wurde in ihrem Zuhause praktisch zur Einsiedlerin. Ihre Schönheit und jugendliche Lebendigkeit verkümmerten. Dann traf sie eines Tages auf einem Spaziergang auf dem Schloßgrundstück zufällig einen benachbarten Gutsherrn, Phelim Sellers. Dieser überhebliche und brutale Mann fühlte sich sofort zu ihr hingezogen. Sie hatte Angst und empfand seine Begierde als abstoßend. Später erfuhr sie, daß er seine junge Frau mißhandelt hatte, die später unter verdächtigen Umständen gestorben war. Der Gutsherr besuchte nun öfters das Schloß unter dem Vorwand, mit Liliths dahinsiechendem Vormund Karten zu spielen. Aber die ganze Zeit zog er das attraktive Mädchen mit seinen Augen aus. An einem heißen Sommertag war er so betrunken, daß er ihr in den Garten folgte, sich auf sie stürzte und ihr das Kleid zerriß. Aber Lilith war zu schnell für ihn und entkam schreiend in den Wald.

Geschockt und bedrückt von ihrem Martyrium, flehte Lilith ihren Vormund an, sie nach Dublin zu Freunden zu-

Im Salon von Skyrne Castle

rückkehren zu lassen. Sie hatte jedoch zu viel Angst, um ihm zu erzählen, was passiert war. Zögernd gab er nach, aber Sellers erfuhr von einer Bediensteten über ihre Abfahrt. In der Nacht, bevor sie Skyrne verlassen sollte, verschaffte er sich Einlaß ins Schloß und versuchte, sie in ihrem Zimmer zu vergewaltigen. Im Verlauf des Kampfes erdrosselte er sie. Obwohl es ihm gelang zu entkommen, wurde er später in Galway City gefangen, als er gerade mit dem Schiff außer Landes fliehen wollte. Im Gefängnishof der Clew Kasernen wurde er gehenkt. In einem langen zerfetzten Nachthemd sieht man die Erscheinung von Liliths armen Geist auf dem Schloßgrundstück umgehen, die Kehle mit den Händen umklammernd. Ihre furchterregenden Schreie hallen mitten in der Nacht durch die Schloßgänge.

Heute wohnt Elizabeth Hickey, eine anerkannte Historikerin, im alten Schloß. Sie scheint mit den Geistern ganz gut auszukommen und sagte mir, ihre Interessen lägen eher im Bereich der historischen Fakten als in der Welt des Übernatürlichen. Nachdem wir über die Geschichte des Schlosses und seiner Geister gesprochen hatten, zeigte sie mir höflicherweise die evokative Inneneinrichtung. Im Salon, wo einzigartige Einrichtungsgegenstände und alte Kunstwerke sofort meine Aufmerksamkeit erregten, bot mir Frau Hickey eine Tasse Tee an und entschuldigte sich: Sie hätte zu schreiben, ob ich sie eine Weile entbehren könne. Da ich im Haus fotografieren wollte, ging ich zum Wagen und holte meine Kamera.

Als ich zurückkam, war ich immer noch in Gedanken versunken über alles, was sie mir über das Schloß erzählt hatte. Die Zeit muß schnell vergangen sein, denn ich bemerkte plötzlich, daß die Dämmerung einfiel. Wieder zurück im Salon, fühlte ich mich unbehaglich. Die Vorhänge raschelten sanft in der Abendbrise, und langsam krochen düstere Schatten über Wände und Fußboden. Mir war, als würde der zarte Schleier der Alltagswirklichkeit vom allmählich sich verdunkelnden Raum gezogen, damit seine gespenstischen Bewohner sich mir enthüllen konnten.

Jeremy Bentham
University College, London

Eine der bizarrsten Sehenswürdigkeiten im heutigen London ist die meisterhaft ausstaffierte Gestalt des Philosophen Jeremy Bentham, der auf einem Stuhl in einem Glaskasten in der Eingangshalle des University College sitzt. Bentham, einer der Gründer der Hochschule im Jahre 1826, wurde hoch geachtet wegen seiner Philosophie des „Utilitarismus". Diese Lehre basiert auf der Prämisse, daß „das größtmögliche Glück für die größte Anzahl Menschen" Ziel der Taten jedes einzelnen und der Regierung sein sollte. Er glaubte auch wie besessen daran, daß die Toten den Lebenden weiterhin nützen könnten. Seinen Freunden schlug er vor, die einbalsamierten Leichname ihrer verstorbenen Verwandten in reichgeschmückte Statuen zu verwandeln und damit die Zufahrten zu ihren Landsitzen zu schmücken.

Dieser exzentrische Mann legte, seiner Überzeugung folgend, fest, daß nach seinem Tode im Jahre 1832 seine Leiche zunächst vor seinen Freunden seziert werden sollte. Dann sollte man die Knochen verdrahten, eine Totenmaske machen und ihm dann seinen Lieblingsanzug anziehen. Dieses Abbild seiner Person wird auch heute noch einmal im Jahr herausgefahren, um einem Essen angesehener Ärzte vorzusitzen. Aber es ist sein Geist, der sowohl von der Lehrerschaft wie auch von Studenten des öfteren gesehen wird, da er weiterhin durch die Gänge des Gebäudes streicht, das ihm zu Lebzeiten so viel bedeutet hatte.

Sopwell Castle

County Tipperary, Irland

Zerbrochene Glasscheiben widerspiegeln das Mondlicht in den zerfallenen Fenstern der zinnenbewehrten Ruine von Sopwell Castle, auch Killaleigh Castle genannt. Ursprünglich gehörte es den MacEgans, wurde aber im siebzehnten Jahrhundert von Oliver Cromwell konfisziert und einem General Sadleir aus seiner Eroberungsarmee übereignet.

Das Schloß soll gelegentlich spät in der Nacht von merkwürdigen und unheimlichen Geräuschen heimgesucht werden. Sie werden beschrieben als ein lautes Krachen, gefolgt von einem markdurchdringenden Schrei und dem Geräusch von irgendetwas, das die Treppe hinuntergezerrt wird. Kein Zweifel, die Erklärung für diese „Schwingungen" liegen in einer Geschichte, die mit dem Tod eines späteren Mitglieds der Familie Sadleir zu tun hat. Gilbert Webb vom benachbarten Corolanty House hat sie mir erzählt.

Als dieser Sadleir auf dem Totenbett lag, verbot er seinem Sohn ausdrücklich, eine Totenwache für ihn abzuhalten, wenn ihn sein Schöpfer rufen sollte. Der Sohn stimmte zu. Ein alter Freund des Vaters, Sir Thomas Dancer vom nahegelegenen Modreeny House, der eine Schwäche für nächtelange Trinkgelage hatte, verstand es jedoch, den Sohn umzustimmen. Um vier Uhr in der Frühe waren beide bester Stimmung und beschlossen, für die Totenmesse am Nachmittag den Sarg die Treppe hinunter zur Kirche zu tragen. Einer der beiden stolperte so unglücklich, daß der Sarg hinfiel, der Deckel davonflog und den alten Mann zum Vorschein brachte – immer noch am Leben und sehr zornig. Sogar so zornig, daß er seinen Sohn, statt ihm dankbar zu sein, daß er ihn vor dem Grabe gerettet hatte, enterbte und das Schloß seiner Tochter Mary vermachte. Diese heiratete später in die Familie Trench ein, wodurch das Schloß aus dem Familienbesitz gelangte.

Glamis Castle

Angus, Schottland

Dieses trostlos und bedrohlich wirkende Märchenschloß wurde an einem Ort gebaut, der seit früher keltischer Zeit als heiliger Wohnsitz uralter Erd- und Luftgeister gilt. Die Festung ist in die Geschichte eingegangen als ein Ort, der bevölkert wird von Legionen von Geistern. Betritt man das imposante Grundstück durch das eindrucksvolle Teufelstor (‚Devil Gates') und folgt der langen Allee zum Schloß mit seinen vielen, den Horizont beherrschenden majestätischen Türmen, dann fallen einem sofort die Worte des romantischen schottischen Schriftstellers Sir Walter Scott ein, der 1793 hier eine Nacht zubrachte: „Ich muß zugeben, als ich eine Tür nach der anderen schließen hörte, nachdem mein Führer sich zurückgezogen hatte, betrachtete ich mich als weit entfernt von den Lebenden und nahe bei den Toten."

Glamis Castle gilt als das am längsten bewohnte Schloß Schottlands. Es war seit 1372 Sitz der Familie Bowes Lyon, den späteren Earls of Strathmore and Kinghorne. Die gegenwärtige Königinmutter verbrachte hier ihre Kindheit. Von den mehr als neunzig Zimmern stehen viele leer.

Die Sage vom „geheimen Zimmer" und vom „Monster von Glamis" verhalfen dem Schloß über Jahre hinweg zu seiner weitverbreiteten traurigen Berühmtheit. Es wird erzählt, daß gegen Anfang des neunzehnten Jahrhunderts ein Monster als Erbe von Glamis geboren worden sei. Dieses arme, mißgestaltete Geschöpf, mehr Kröte als Mensch, soll ungeheuer stark gewesen sein. Deshalb versteckte man es in einem geheimen Raum irgendwo innerhalb der fünf Meter starken Mauern des Schlosses. Das Geheimnis seines schrecklichen Aufenthaltsorts und seine genaue Identität waren nur drei Personen bekannt, dem damaligen Earl, dem nächstältesten Sohn und dem Gutsverwalter. Es blieb bis heute ein Geheimnis, obwohl Gerüchte umgingen, daß dieses unglückliche Monster 1921 in sehr hohem Alter starb. Über seinen Tod liegen keine Unterlagen vor. Lord Halifax berichtet in seinem 1936 erschienenen berühmten *Ghost Book* von großen, mit Ringen versehenen Steinen in mehreren Schlafzimmerschränken, die später in Kohlebehälter umgewandelt worden seien, um neugierige Gäste von indiskreten Fragen abzuhalten. Einem Arbeiter, der nichtsahnend einen Geheimgang in der Nähe der Kapelle aufdeckte, wurde nach längerem Befragen durch seine Vorgesetzten nahegelegt, mit seiner Familie auszuwandern. Eine Stelle auf dem Dach des Schlosses ist bekannt als „Weg des verrückten Grafen", doch ob er benutzt wurde, um das Monster nachts auszuführen, oder sich auf ein anderes Familienmitglied bezog, ist nicht bekannt.

In einer anderen Version dieser Geschichte wird behauptet, daß aufgrund eines alten Familienfluchs in jeder Generation dieser verwunschenen Familie ein scheußlicher Vampir geboren wird, der ständig eingesperrt bleiben muß, um seinem unstillbaren Durst nach Menschenblut zu wehren. Wie wahr auch immer die Sage sein mag, es fällt nicht leicht, die berüchtigten Worte des fünfzehnten Earls zu ignorieren: „Wenn Sie auch nur das Wesen des Geheimnisses erraten könnten, würden Sie Gott auf Knien danken, daß es nicht Ihres ist."

Lady Glamis, die schöne Witwe des sechsten Lord Glamis, wurde 1537 nach zweifelhaftem Urteil als Hexe auf dem Castle Hill in Edinburgh lebendig verbrannt. Ihr von einem rötlichen Schein umgebener Geist ist über dem Uhrenturm schwebend gesehen worden. Erst seit ihrem Tod, so wird erzählt, wird das Schloß von den übernatürlichen Erscheinungen geplagt. Im ältesten Teil des Gebäudes liegt Duncan's Hall, der Sage nach Schauplatz des

In der Krypta von Glamis Castle

Patrick, der dritte Graf von Strathmore und Kinghorne (1643 – 1695)

Mordes an König Duncan, den Macbeth, der Thane of Glamis, in Shakespeares grausiger Tragödie verübte. Lady Elphinstone, die Schwester der Königinmutter, soll sich als junges Mädchen vor der düsteren Atmosphäre dieses Raums gefürchtet haben. In einem anderen Schloßzimmer soll König Malcolm II. von Schottland ermordet worden sein. Da die Blutflecken nicht zu entfernen waren, legte man einen neuen Fußboden darüber. Eine andere furchtbare Erscheinung ist ein verängstigtes junges Mädchen mit blassem Gesicht, das aus einem vergitterten Schloßfenster starrt. Nachdem sie ein schreckliches Geheimnis entdeckte, soll man ihr die Zunge herausgeschnitten und ihre Hände amputiert haben. Das Gespenst eines kleinen, spitzbübischen Negerjungen erscheint Besuchern oft im Wohnzimmer der Königinmutter.

Eine der schaurigsten Geschichten handelt vom „Spukgemach", das irgendwo in der gespenstischen Krypta liegen soll. Während einer Fehde mit ihren Feinden, den Lindsays, suchten Mitglieder des Ogilvy-Familienclans Schutz im Schloß und durften sich in diesem abgelegenen Verlies verstecken. Der damalige Lord Glamis ließ den Raum zumauern, und die Unglücklichen mußten verhungern. Als man das Gemach nach über einem Jahrhundert öffnete, fand man die Skelette über den Boden verstreut, einige von ihnen in Stellungen, die vermuten lassen, daß sie sich beim Sterben buchstäblich Fleisch von den Armen rissen. Schreckenerregende Geräusche von Poltergeistern sollen nachts aus diesem Teil des Schlosses dringen.

Ich traf den heutigen Gutsverwalter, der zögerte, über die Monstersage zu sprechen, und so drängte ich ihn auch nicht. Er zeigte mir aber von außen ein vergittertes Fenster neben der Krypta, das zu einem Geheimzimmer gehören soll. Ich war fasziniert von den zahlreichen eindrucksvollen Familienportraits im ganzen Schloß und besonders von dem seltsamen Bild des holländischen Künstlers Jakob de Wet, der Patrick, den extravaganten Adligen und dritten Earl, in bizarrer Kleidung gemalt hat. Der mächtige Gesamteindruck dieses verwinkelten Bauwerks, die Größe und Zahl der weiten Räume und dunklen Gänge waren zweifellos einschüchternd und verstörten mich.

Auf meinem Rückweg zum Wagen kam ich an der hohen, mit über achtzig Zifferblättern ausgestatteten Sonnenuhr vorbei und dachte, daß alles an Glamis irgendwie herausragend war. Ich ging fort mit einem Gefühl des Staunens, froh darüber, dieses einzigartige Schloß erlebt zu haben, aber nicht gerade erpicht darauf wiederzukommen.

Castle Daly

County Galway, Irland

Die übriggebliebene Fassade dieses öden Hauses sitzt wie ein Vogel am Hang eines Hügels bei Loughrea. Sie sieht aus wie ein riesiger Rabe, der im Begriff ist, die Flügel zu schlagen und in den wechselvollen irischen Himmel zu entschwinden. Es war eines der zahlreichen Häuser, das die mächtige Familie Daly in der Grafschaft Galway besaß. Die Dalys, deren Hauptsitz in Radford lag, waren von rein irischer Herkunft und durch Heirat mit den einflußreichsten Familien Irlands verwandt. Peter Daly kaufte das Haus 1820 von der Familie Blake. Damals hieß es Gorbally House, aber er benannte es wieder um in Castle Daly.

Ein Einheimischer erzählte, die Dalys hätten viele große Bälle und Hausfeste abgehalten. An manchen Abenden sollen im Haus, wie in vergangenen Zeiten, wieder Musik und Lachen erklingen. Die den Phantomfeiern folgenden Schreckens- und Angstschreie lassen jedoch Schlimmes vermuten. Gerüchte machten die Runde, vor vielen Jahren hätte man das Skelett eines Mannes am Grunde eines alten Brunnens beim Haus gefunden. Unter seinem Körper lag Schmuck aus Indien und die Statue eines uralten Gottes. Welche dunklen Geheimnisse hinter diesen Geschichten lauern, ist heute für immer in den Nebeln der Vergangenheit verschwunden.

Friedhof in Boleskine

Loch Ness, Schottland

An einem grauen Regentag fuhr ich am Ostufer von Loch Ness entlang und dachte an das Monster, das im schmutzig-trüben Wasser des Sees auf der Lauer liegen soll. Ich erinnerte mich an die Theorie des Abtes des Benediktinerklosters bei Fort Augustus, daß dieses Geschöpf nicht nur ein prähistorisches Lebewesen sei, sondern eine „Verkörperung alles Bösen auf der Welt".

Plötzlich bemerkte ich am Seeufer einen geheimnisvollen alten Friedhof. Ich hielt an und ging hinein. Die uralten Grabmale stellten Gedenksteine für verschiedene Familien dar, die meisten waren von den Frasers. Über der ganzen Einfriedung lag eine eigentümliche Atmosphäre, so als läge

ALEISTER CROWLEY, „THE GREAT BEAST 666" (1875 – 1947)
(Hulton-Deutsch Picture Company)

sie im Zentrum einer gewaltigen Kraft. Ich machte mehrere Aufnahmen, mußte aber zu einer Verabredung weiterfahren, für die ich ohnehin schon verspätet war. Als ich ging, bemerkte ich auf dem Boden einige Kinderzeichnungen. Man hatte sie aus einem Schaukasten gerissen, dessen Scheibe zerschlagen war. Die Bilder zeigten Hexen, Totenschädel und Gespenster, aber ich konnte die Schrift nicht entziffern, weil sich die Tinte im Regen langsam auflöste. Später am Abend erzählte mir mein Gastgeber, der Friedhof liege in einem Gebiet, das seit dem fünfzehnten Jahrhundert vom Fraser-Clan beherrscht wurde. Dort war der Schauplatz vieler Greueltaten dieser Familie, aber die Geschichte dieser Region im frühen und späten Mittelalter liege völlig im Dunkeln. Gerade dieser Friedhof aber stehe schon lange in dem Ruf, Lieblingsort der Hexen zu sein. Von größtem Interesse dürfte für mich sein, daß Boleskine House einmal der Wohnsitz von Aleister Crowley war. Der berühmt-berüchtigte Schriftsteller, Magier und Drogenabhängige ließ sich gerne „The Great Beast" nennen. Hier feierte er Schwarze Messen und frönte obszönen Ritualen. Es heißt, Crowley setzte böse Geister frei, die in der Gegend Amok liefen. Er versetzte die Einheimischen in panische Angst. Es gibt Berichte von Menschen, die verrückt wurden und von anderen, die unter mysteriösen Umständen starben.

Eine schaurige Geschichte beschreibt, wie mehrere Leute das Haus besuchten, nachdem er es verlassen hatte. In seinem Geheimzimmer blies einer der Besucher auf einem zeremoniellen Ziegenhorn, das er dort gefunden hatte. Das setzte in der Gegend eine Kette von unerklärlichen und dämonischen Ereignissen in Bewegung. Entweder wußte Crowley von den dunklen Kräften in der Region, oder er hatte unbeabsichtigt uralte Geister erweckt, von denen nicht einmal er geträumt hatte.

Culverthorpe Hall

Lincolnshire, England

Ich kann mich noch gut an meine Jugend erinnern, als mir mein Vater von einem großen alten Haus in Lincolnshire erzählte. Im Alter von 21 Jahren verbrachte er dort ein Wochenende anläßlich eines Tanzabends zu Ehren einer der vier Töchter des Generals Adlerchon. Am Vorabend des Balles ging er die Haupttreppe hinauf, als auf der anderen Seite eine schöne junge Frau herunterkam, die er vorher noch nie gesehen hatte. Ihm fiel ihr trauriger Gesichtsausdruck auf. Beim Abendessen fragte er den Gastgeber, wer sie sei, denn jetzt konnte er sie nicht entdecken. Daraufhin erwiderte der General, daß keiner der Hausgäste vor dem nächsten Tag ankäme und er wohl einen Geist gesehen habe.

Mein Vater ist inzwischen tot, aber kürzlich erfuhr ich, daß es sich um Culverthorpe Hall bei Grantham handelte und daß zwei Töchter der Adlerchons noch am Leben sind. Lillias, die älteste, deren Ball es damals gewesen war, wohnt in Kalifornien, besuchte aber glücklicherweise ihre jüngere Schwester Pauline zu Weihnachten in England. Pauline und ihr Gatte wohnen heute etwa fünfzehn Meilen von Culverthorpe entfernt und luden mich sonntags zum Lunch ein, um über ihre frühere Wohnung und deren Geister zu sprechen.

Seit der normannischen Eroberung sei Culverthorpe bewohnt, das jetzige Gebäude wurde zwischen 1690 und 1730 von der Familie Newton gebaut. Es waren Verwandte von Sir Isaac Newton (1642 – 1727), dem bedeutenden Wissenschaftler, Alchemisten und Großmeister der Rosenkreuzer, der die Gesetze der Schwerkraft formulierte und im nahegelegenen Woolsthorpe Manor geboren wurde. Er besuchte mehrmals seine befreundeten Cousins auf Culverthorpe.

Michael Newton hatte 1730 die schöne Margaret, Countess of Coningsby, geheiratet. Sie war eine vollendete Reiterin und dafür bekannt, daß sie immer Blau trug. Pauline vermutete, daß es ihr reumütiger Geist war, den mein Vater gesehen hatte. Denn mit dem grausigen Tod ihres kleinen Sohnes war großes Unglück über das junge Paar gekommen. Damals war es Mode, einen zahmen Affen als Haustier zu halten. Die Newtons, die ein großzügiges Haus im Londoner Stadtteil Soho besaßen, bildeten sich etwas darauf ein, immer auf der Höhe der Zeit zu sein. Nur zwei Monate nach der Geburt des Sohnes fand die Tragödie statt, als sie gerade in London waren. Anscheinend riß der Affe das arme Kind in einem Eifersuchtsanfall aus dem Kinderbettchen, trug es hinaus auf den Balkon und ließ es von dort auf die Steinplatten der Terrasse fallen. Das Paar war am Boden zerstört; Sir Michael starb 1743 als gebrochener Mann und ohne männlichen Nachkommen. Mit ihm starb dieser Zweig der Familie aus. Lady Newton fühlte sich zeitlebens für den Tod des Kindes verantwortlich. Ihr trauernder Geist soll immer noch durch das Haus spuken.

Der Herrensitz wechselte mehrere Male den Besitzer und stand lange leer, bis der Vater der beiden Frauen, Brigadegeneral Laderveze Adlerchon, 1910 hier einzog. Bis dahin hatte er nicht an Geister geglaubt, aber Pauline erinnert sich, wie er eines Abends in das alte Kinderzimmer, das gerade renoviert wurde, hinaufging, um zu sehen, wie

die Arbeit voranging. Dort sah er die außergewöhnliche Erscheinung eines zweigeteilten Gespenstes: die Knöchel und Unterschenkel befanden sich auf dem einem Stockwerk und der Rest des Körpers auf dem nächsten. Der Mann trug einen um den Kopf gewundenen Turban, ein im achtzehnten Jahrhundert üblicher Brauch, wenn die Männer abends ihre Perücke abnahmen. Beide Schwestern erinnerten sich, daß in ihrer Jugend mehrere Personen den Geist einer „Blauen Lady" gesehen hatten, darunter auch die Frau des Gärtners und dies sogar am hellichten Tag auf dem Rasen vor dem Haus.

Später berichtete Lillias von ihren eigenen Erfahrungen.

Die Gräfin von Coningsby, um 1760
(Paul Mellon Collection – Yale Centre of British Art)

Als sie noch keine drei Jahre alt war, stellte man sie im Sommer jeden Morgen in einem alten Stoffbettchen zum Ausruhen in den Garten hinaus. Die Seiten des Bettchens waren etwa 45 cm hoch, und jeden Tag kam ein kleines Wesen und blickte sie über den Rand hinweg an; es trug keine Kleider, sondern war mit Haaren bedeckt, hatte ein graues, fast menschliches Gesicht und verschwand erst, wenn die weiße Mütze des Kindermädchens am Horizont auftauchte. Das Erlebnis war für Lillias sehr realistisch, doch konnte sie sich damals nicht verständlich machen und wurde nur ausgelacht. Später dachte sie, daß dieser „Besucher“ möglicherweise ein entlaufener Irrer aus der Anstalt im zwei Meilen entfernten Rauceby war. Ihr Ruheplatz befand sich in einer Bodensenke unter einer alten Esche. Sie hatte sprichwörtliche Angst vor dieser Stelle, bis sie im Alter von fünf Jahren zusah, als der Baum bei einem gewaltigen Sturm wie in Zeitlupe umgeblasen wurde. Das verschaffte ihr Erleichterung. Der Platz wurde in der Zwischenzeit zu einem Tennisplatz umgebaut. Lillias hatte abends auch oft die Stimme der Gräfin flehen gehört, sie solle doch hereinkommen, als sie im ehemaligen Kinderzimmer der Newtons schlief. Den Geist der Gräfin hat sie aber nie zu Gesicht bekommen.

Später fuhr ich zum Herrensitz, um zu fotografieren. Der jetzige Besitzer meinte, er hätte bisher noch nicht das Vergnügen gehabt, die Geister zu treffen, zeigte mir aber einen alten überwucherten Teich, der „Affenteich“ genannt wurde. Später, als ich die Rückseite des Hauses erforschte, traf ich den Gärtner, der das Haus schon über vierzig Jahre kennt und sich an ein großes Teufelsportrait erinnerte, das einst im großen Saal hing. Überrascht fragte ich ihn, ob es ein Gemälde oder eine Schnitzerei gewesen sei. Das konnte er zwar nicht sagen, aber er war sich sicher, daß es ziemlich schwarz war.

Thirlwall Castle

Northumberland, England

In dieser romantischen, nahe der schottischen Grenze gelegenen Ruine soll ein sagenhafter Schatz vergraben sein, der von einem scheußlich verunstalteten Zwerg bewacht wird. Das Schloß wurde im dreizehnten Jahrhundert mit Steinen erbaut, die vom Hadrianswall geplündert waren, nachdem die Schotten die römischen Befestigungen durchbrochen hatten. „Thirlwall" bedeutet „durchbrochene Mauer".

Die Barons of Thirlwall waren, wie viele andere Familien im Grenzland, wehrhafte Krieger von großem Ansehen. Von ihrem Schloß aus ritten sie zu Kämpfen in Schottland und Frankreich. Zu Baron John de Thirlwalls Zeiten entstand die Sage um den vergrabenen Schatz. Der Baron war nach einem erfolgreich verlaufenen Feldzug in einem ausländischen Krieg im Triumph zum Schloß zurückgekehrt und hatte eine Wagenkarawane voller Beutestücke mitgebracht, die er seinen unglücklichen Opfern abgenommen hatte. Besonders kostbar war ein Tisch aus purem Gold. Ein Faktotum aus der Dienerschaft, ein mißgestalteter und schreckenerregender Zwerg mit übernatürlichen Kräften, sollte ihn bewachen. Nicht lange danach machten die Gerüchte über die neuerworbenen Reichtümer im Grenzland die Runde. Schließlich stürmten die Schotten eines Nachts das Schloß, überraschten die Verteidiger und schlachteten sie bis auf den letzten Mann ab.

Als die Angreifer das Gemach erreichten, wo sie den Schatz vermuteten, war der Tisch verschwunden. Einer von ihnen schaute aus dem Fenster und sah den abstoßenden Zwerg, der sich abmühte, den Tisch in einen tiefen Brunnen zu werfen. Die Angreifer stürzten ihm mit gezückten Schwertern nach. Sie kamen aber zu spät, denn zuerst verschwand der Tisch und danach der Zwerg. Die verzerrten Gesichtszüge des Zwergs wurden durch sein höhnisches Lachen noch verstärkt, als er einen Fluch ausstieß, um die Öffnung des Brunnens zu versiegeln. Ein Fluch, von dem es heißt, er könne nur vom einzigen Sohn einer Witwe gebrochen werden.

Der Totenschädel des Theophilus Brome

Higher Farm, Chilton Cantelo, Somerset, England

Es ist kaum zu glauben, daß dieses malerische und friedliche englische Dorf ein solch makabres Relikt wie diesen düsteren Totenschädel beherbergt. Er liegt versteckt in einer Holzkiste in einem alten Bauernhaus. Das Haus gehört der Familie Kerton, deren Ahnen seit 1908 hier leben. Frau Kerton erzählte mir, daß es sich um den Schädel des Theophilus Brome aus Warwickshire handeln soll. Er kämpfte im Bürgerkrieg (1640 – 49) gegen König Charles I. und floh nach einer schweren Verwundung nach Chilton Cantelo in ein Versteck bei seiner Schwester, die ein Bauernhaus bewohnte.

Brome erholte sich und blieb bis zu seinem Tod im Jahre 1670 unentdeckt. In der Restaurationszeit um 1660 war es jedoch Brauch, die Leichen derjenigen auszugraben, die gegen die Monarchie gekämpft hatten, ihnen die Köpfe abzutrennen und als Zeichen der Rache öffentlich auszustellen. Um dieser Demütigung zu entgehen, hatte Brome seine Schwester gebeten, gleich nach seinem Tod den Kopf abzutrennen und ihn für immer im Haus aufzubewahren. Diesen Wunsch erfüllte sie ihm.

Bromes Körper wurde, mit einem Gedenkstein gekennzeichnet, in der Dorfkirche begraben. Der Schädel wird im ältesten Teil des Bauernhauses aufbewahrt. Herr Kerton zeigte mir zerrissene und verblaßte Schriften, datiert von 1829, die die Geschichte genauestens erzählen: Bei jedem Versuch späterer Bewohner, den Schädel außerhalb des Hauses zu begraben, traten schreckliche Geräusche und übernatürliche Erscheinungen auf. Kerton glaubt, daß Bromes Geist noch im Haus lebt. Er sei aber – trotz allerhand Schabernack – ein gutmütiges Wesen, solange das Haus nicht gestört oder verändert werde. Tatsächlich hörten sie bei einer Renovation des Hauses oft die schweren Schritte eines Mannes, obwohl niemand anwesend war. Gegenstände verschwanden oder tauchten an unerwarteten Orten wieder auf. Eines Nachts „hüpfte" das Barometer von der Wand auf den Steinboden, blieb aber zum Staunen aller heil. Vor dreizehn Jahren, so berichtete er weiter, hätte der durchs Fernsehen bekannte Dave Allen eine Sendung über den Schädel gemacht, bekam aber grosse Angst, als ihm später auf dem Heimweg etwas passierte. Deshalb wollte er auch nie mehr zum Haus zurückkommen. Als ein anderes Fernsehteam den Schädel filmte, sprudelte am gleichen Abend im Garten eine Quelle hervor, als ob „Brome ihnen etwas sagen wollte".

Als ich später in mein Auto stieg, hoffte ich sehr, nichts anderes mitzunehmen als nur das Foto eines Schädels.

Clonony Castle

County Offaly, Irland

Ein zerfallenes Eingangstor wirft einen dunklen Schatten hinüber zum massiven, quadratischen Turm dieses Schlosses aus dem sechzehnten Jahrhundert. Das wenige über seine Geschichte Bekannte war jahrelang umstritten. Nach Meinung des Historikers Thomas Cooke wurden hier im neunzehnten Jahrhundert viele Skelette, einige elisabethanische Münzen und mehrere alte Schwerter ausgegraben. Doch die Arbeiter entdeckten bei den Ausgrabungen etwas noch viel Merkwürdigeres: eine Art Höhle im Kalkstein neben einem Baum, etwa hundert Meter vom Turm entfernt. In dieser Höhle fanden sie in etwa vier Meter Tiefe, unter einem Steinhaufen verborgen, eine gewaltige Steinplatte, die einen Sarg mit den Skeletten zweier Frauen bedeckte. Die Inschrift auf dem Stein erklärte, daß es sich um Elizabeth und Mary Boleyn handelt, Cousinen von Anna Boleyn, der unglücklichen Frau Heinrichs des Achten. Wie und warum diese beiden Frauen hier begraben wurden, konnte bis heute nicht zufriedenstellend beantwortet werden. Es ist lediglich bekannt, daß ihre Familie Verbindungen zu diesem Teil Irlands unterhielt, aber nicht zu diesem Schloß. Die Höhle und der Grabstein können heute noch besichtigt werden.

Anna Boleyn wurde 1536 auf Befehl Heinrich des Achten im Tower von London enthauptet, weil sie ihm keinen männlichen Erben gebären konnte. Sie wurde angeklagt wegen des verräterischen Ehebruchs mit nicht weniger als fünf Männern, wegen sexueller Abweichung und – damit es mit Sicherheit zu einer Verurteilung kommen würde – zusätzlich der Hexerei verdächtigt. Ihr Geist soll an nicht weniger als fünf Plätzen in England spuken, einschließlich ihrem malerischen Geburtsort Blickling Hall in Norfolk. Das Gespenst von Clonony allerdings ist das eines Mannes. Seine Identität blieb ein Geheimnis. Man hat ihn in altmodischen Kleidern oben auf dem Turm stehen gesehen. Nach Aussage eines holländischen Industriellen – der letzten Person, die die Erscheinung vor vier Jahren im Vorbeifahren nachts gesehen haben will – „war er groß, sehr schlank, beinahe ein Skelett, und umgeben von einem verschwommenen, hellen Licht, als ob er auf einer Bühne stehe.“

Das Wappen derer von Argyll

Inverary Castle

Argyllshire, Schottland

Inverary Castle liegt oberhalb von Loch Fyne und war fünf Jahrhunderte lang der Stammsitz der Dukes of Argyll und Hauptquartier der mächtigen Campbells. Es ersetzte einen früheren Festungsturm und beherbergt eine eindrucksvolle Sammlung von Rüstungen und Gemälden in prunkvollen Räumen, die den Zuwachs des Familienvermögens aufgrund militärischer Fähigkeit, Diplomatie und geschickter Heiratspolitik dokumentiert. Das machte die Campbells bei den Nachbarfamilien im Highland unbeliebt, die entweder ihre Methoden nicht akzeptierten oder auf ihren Erfolg neidisch waren. Der Sage nach sollen vor dem Tod eines Familienoberhaupts ungewöhnlich viele schwarze Raben die Türme des mächtigen Schlosses umkreisen. Noch viel unheimlicher und bekannter ist das Geisterschiff, der Galeere im Argyll-Wappen ähnlich, das nachts mit drei Phantomen am Steuer langsam durch Loch Fyne zum Schloß hinaufsegelt. Wenige Stunden nach dieser unheimlichen Vision soll das Familienoberhaupt tot sein. Nur wer keltischer Abstammung ist, kann diese Erscheinung sehen.

Im Schloß selbst soll die Grüne Bibliothek von lautem Krach und anderen Poltergeistgeräuschen heimgesucht werden. Sie stammen von einem gespenstischen Harfenisten, der auf Befehl des Marquis of Montrose an den Saiten seiner eigenen Harfe aufgehängt wurde, als er den damaligen Lord Argyll 1644 aus dem Schloß vertrieb. Eine heutige Angestellte erzählte mir, der Geist einer „Grauen Lady" sei manchmal draußen vor dem Schloß auf „The Lady's Linn", einem Pfad neben der Brücke, gesehen worden; ihre Identität sei aber nicht bekannt.

So prächtig das Schloß und das Gut auch sind, der große See, die dunklen Berge und die alten Wälder regten mich noch mehr an. Die Sage von der „Todesgaleere" scheint mir eine eher überdauernde Vision als jedes andere Symbol der menschlichen Vergänglichkeit zu sein.

Waldland bei Loch Fyne

Loch Fyne

Statue eines antiken Flussgottes vor dem Hauptgebäude
von Ham House

Ham House

Richmond, London

London steht im Ruf, die Hauptstadt des Spukes in der ganzen Welt zu sein. Dieses stattliche, von Bäumen umringte, an der Themse gelegene jakobitische Herrenhaus ist zweifellos einer der gespenstischsten Orte in London. Es wurde im Jahre 1610 von Sir Thomas Vavasour, dem königlichen Zeremonienmeister James I., erbaut. Das berühmteste Gespenst an diesem Ort ist der Geist der berüchtigten Elizabeth Murray, der Countess of Dysart und späteren Duchess of Lauderdale.

Elizabeth war eine schöne, gescheite, listige und ehrgeizige Frau. Sie erbte das Haus mit dem Tod ihres Vaters, William Murray, der ohne männlichen Erben blieb. 1647 heiratete sie Sir Lyonel Tollemache. Ihm fehlte allerdings der skrupellose Ehrgeiz, wie sie ihn aber von ihren Männern erwartete. Schon lange vor seinem allzu frühen Tod im Jahre 1669 begann sie eine Affäre mit dem tyrannischen John Maitland, dem Duke of Lauderdale (siehe Thirlestane Castle, Seite 62). Nach ihrer Heirat lebten sie in großem

Stil im Ham House, das sie kostspielig renovieren ließen. Viele Gerüchte kreisten über das umstrittene Paar. Sie sollen mehrere Menschen gefangengenommen, gefoltert und getötet haben. Die Gräfin beeinflußte einige mächtige Männer ihrer Zeit und soll sogar die Geliebte Oliver Cromwells gewesen sein. Sie überlebte den Grafen, der 1682 starb, um sechzehn Jahre. Im hohen Alter litt sie unter Gicht und war auf einen Stock angewiesen.

Meist wird der Geist der Gräfin mitten in der Nacht im großen Saal oder in der Kapelle gesehen. Immer geht ihm das tappende Geräusch eines Spazierstocks voraus. Der viktorianische Autor Augustus Hare erzählt eine schreckliche Geschichte: Die junge Tochter eines Butlers der Tollemaches war einige Zeit nach dem Tod der Gräfin über Nacht auf Ham eingeladen. Sie wachte mitten in der Nacht auf und sah, wie eine alte Frau in ihrem Schlafzimmer an einer Wand kratzte. Als sie sich aufsetzte, kam die Alte auf sie zu und fixierte sie mit einem starren Blick, bevor sie verschwand. Das Mädchen schrie. Als Hilfe kam, erzählte sie, was passiert war. Am nächsten Tag untersuchte man die Wand und entdeckte ein Geheimfach mit Papieren, die bewiesen, daß die Gräfin ihren Gatten umgebracht hatte, um den Duke of Lauderdale zu heiraten.

Andere bekannte Geister in Ham House sind ein betrunkener Ritter und die liebenswürdige Erscheinung eines kleinen Cockerspaniels. Nach der berüchtigten Lauderdale-Herrschaft bewohnte die Familie Tollemache das Haus dreihundert Jahre lang, bis man es vernachlässigte. Auch heute, nach der Renovierung, kommt es einem vor, als ob die Zeit still stehe, wenn man an der Statue eines alten Flußgottes vorbei durch das Haus und und seine Umgebung wandert, wo einen alle Zutaten einer klassischen englischen Gespenstergeschichte erwarten.

Elizabeth Murray, Gräfin von Dysart und Herzogin von Lauderdale, mit einem schwarzen Diener
(Victoria & Albert Museum, London)

Ham House

Die Meerjungfrau von Zennor

Cornwall, England

Sagen von Meerjungfrauen finden sich in der volkskundlichen Literatur fast jeden Landes. Eine der berühmtesten ist verknüpft mit der wilden und schönen Küste Cornwalls und der alten Kirche im Flecken Zennor. Kaum hatte ich die Kirche betreten, als mir sofort eine rätselhafte Figur auffiel, die in eine Kirchenbank eingeschnitzt war, die „Meerjungfrau von Zennor“. Sie hat langes, wehendes Haar und hält einen Kamm in der einen und einen Spiegel in der anderen Hand, die Symbole der Herzenskälte.

Vor vielen Jahren, so berichten die Einheimischen, besuchte eine schöne und vornehm gekleidete Frau gelegentlich den Gottesdienst. Niemand wußte, woher sie kam. Zwischen ihren Besuchen lagen lange Pausen. Nach ihrer Ankunft wurde jedoch bald über sie getratscht. Vor allem die jungen Männer waren von ihrem großen Charme hin- und hergerissen. Einer von ihnen, Matthew Trewella, Sohn des Gutsherrn, galt als besonders hübsch und hatte die beste Stimme im Chor. Er war von ihr und ihrem verführerischen Lächeln besonders angetan. Eines Tages beschloß er, herauszufinden, wer sie war und woher sie kam. Nach dem Gottesdienst folgte er ihr zu den Kliffs in der

Eine Meerjungfrau und ihr Opfer
(Mary Evans Picture Library)

Pendour Cove, Zennor

Die geschnitzte Figur der „Meerjungfrau von Zennor"

nahegelegenen Bucht Pendour und wurde nie mehr gesehen.

Einige Jahre später sah ein Schiffskapitän eine Meerjungfrau in der Bucht. Sie beklagte sich, der Schiffsanker liege vor ihrem Hauseingang und sie könne nicht zurück zu ihrem Geliebten, Matthew Trewella, und ihren Kindern. Der Anker wurde gelichtet und der Kapitän berichtete später den Einwohnern Zennors von dieser Begegnung. Sie schnitzten die Figur der Meerjungfrau in eine Kirchenbank, als Warnung für die anderen jungen Männer der Gemeinde, sich nicht mit ihr einzulassen.

Ich wanderte hinunter zu der verlassenen Bucht, in der Matthew verschwunden war, und lauschte nach einer geisterhaften Stimme, die man dort noch hören soll, konnte aber wegen des Tosens der hereinbrechenden Wellen nichts verstehen.

Allerton Park

Yorkshire, England

Als ich noch ein Kind war, lebte meine Familie in Lincolnshire. Mein Bruder und ich wurden in den Norden auf ein katholisches Internat in Yorkshire geschickt. Damals kamen wir oft an diesem außergewöhnlichen Haus im neugotischen Stil vorbei. Es liegt an der Great North Road zwischen Wetherby und Boroughbridge. Dieses unwirklich erscheinende Herrenhaus mit seiner düsteren und beeindruckenden Fassade liegt abseits der Straße hinter hohen Mauern verborgen. Es ist umgeben von Seen und Phantasiehäuschen, die von einem klassischen Tempel auf einem Hügel überragt werden. Wir sahen selten ein Lebenszeichen auf dem Gelände, keine Menschen oder Autos. Und doch schien es nicht verlassen zu sein, denn manchmal waren einige Fenster beleuchtet. Es war ein geheimnisvolles Haus, und ich war mir sicher, daß es darin spuken müßte.

Als ich verschiedene Leute fragte, wer dort wohne, schien es niemand genau zu wissen. Es gingen Gerüchte um, die von der Nutzung als Irrenhaus und als Hauptsitz einer fanatischen religiösen Sekte sprachen. Deshalb ging, wann immer ich vorbeifuhr, die Phantasie mit mir durch, und der Gedanke an die schrecklichen Gesichter der wilden und bösen Geister, die in meinen Träumen die langen, düsteren Gänge durchstreiften, verschafften mir endlose Alpträume.

Nach meiner Schulzeit lebte ich längere Zeit in London und sah das Haus sehr selten, aber bei jedem Anblick fühlte ich mich erneut betroffen. Nachdem 1986 mein erstes Buch über Geistergeschichten veröffentlicht wurde, das viele ähnliche Häuser enthält, stellte man mir immer wieder dieselbe Frage: „Warum bist du so versessen auf alte Ruinen und Spukhäuser?“ Mit dem Foto dieses Hauses, in dem es spuken mag oder auch nicht, möchte ich auch eine Antwort auf diese Frage geben.

Denn in diesem Fall bin ich mir ziemlich sicher, daß ich Geister aus meinem Inneren in dieses Haus hineinprojiziere, weil ich tief in meiner Seele das Verlangen nach einer Alternative zu unserer modernen Welt spüre, die im großen und ganzen beherrscht wird von einem erdrückenden Rationalitätsdenken, das die Geheimnisse verdrängt und sie ersetzt durch eine risikolose und oberflächliche Wirklichkeit, die wir Zivilisation nennen.

Westminster Abbey

London, England

Diese prachtvolle Abteikirche wurde im elften Jahrhundert von Edward the Confessor erbaut und enthält die größte und wichtigste Sammlung von Gedenkskulpturen auf den Britischen Inseln. Hier befinden sich die Gräber der berühmten Könige und Königinnen von England neben denen der bedeutendsten Staatsmänner, Musiker, Schauspieler und Dichter des Landes. Deshalb überrascht es nicht, daß mehrere Gespenster durch diese heiligen Hallen wandeln sollen, von denen der schreckenerregendste der Geist des Pater Benedictus ist. Seine lange, schmale Gestalt trägt eine Mönchskutte; sein großes, gewölbtes Haupt mit blaßgelber Haut, tiefliegenden Augen und einer hervorragenden Nase späht unter einer Kapuze hervor. Er wurde mit einer Lanze erstochen, als Diebe 1303 in die Kirche einbrachen, um den Königsschatz zu stehlen. Meistens erscheint er abends zwischen fünf und sechs Uhr in den Kreuzgängen, wo er über den Boden schwebt. Ein weiteres Gespenst ist das von John Bradshaw, der 1649 Charles I. zum Tode verurteilte. Sein unruhiger Geist geht in der Dekanei um, in der er das Todesurteil unterzeichnete. Doch vielleicht noch furchterregender als diese Erscheinungen ist das erstaunliche, von Roubiliac geschaffene Grab von Joseph und Lady Elizabeth Nightingale. Jill Walters schreibt in ihrem Buch *Westminster Abbey – The Monuments*, daß Elizabeth im Alter von siebenundzwanzig Jahren während einer Frühgeburt starb, die durch den Schrecken über einen Blitzschlag ausgelöst wurde. Das Denkmal zeigt ihren Mann im verzweifelten Versuch, das Gespenst des Todes abzuwehren. Man erzählt, daß ein Dieb, der bei Mondlicht in die Kirche eindrang, von dieser Szene so erschrocken wurde, daß er mit leeren Händen davonlief und seine Brechstange liegen ließ, die noch heute gezeigt wird.

Ich machte meine Aufnahmen an einem sehr frühen Morgen, als niemand dort war und die Sonne gerade aufging. Es war beeindruckend, wie die Lichtstrahlen langsam durch die farbigen Glasfenster krochen und die Bildnisse so vieler berühmter Leichname beleuchteten.

In der Westminster Abbey

Das Grabmal von Joseph und Lady Elizabeth Nightingale
in der Westminster Abbey

Bowes Station
Durham, England

Bowes Station liegt an der alten South Durham and Lancashire Union-Eisenbahnlinie. Der Bahnhof wurde am 4. Juli 1861 eröffnet und am 22. Juni 1962 offiziell geschlossen. Aber nicht alle sind überzeugt davon, daß die alte Ruine wirklich stillgelegt ist. Die Gleise führten 23 Meilen von Barnard Castle in Durham durch wildes Moorland nach Kirkby Stephen in Cumbria. Die Strecke wurde hauptsächlich zum Transport von Eisenerz und Kohle benutzt. Der Bahnhof selbst ist jetzt eines der gespenstischsten Häuser, das ich jemals sah. Es steht gleich neben der vielbefahrenen A 66. Vorbeifahrende Autofahrer berichteten, daß sie mitten in der Nacht seltsame Lichter im Gebäude und die geisterhafte Figur eines alten Mannes sahen, der in einem der dunklen, glaslosen Fenster stand. Aber nicht nur Reisende machten dort unangenehme Erfahrungen. Zwei junge Soldaten aus der nahegelegenen Kaserne in Catterick, beides Eisenbahnliebhaber, beschlossen, während ihres Ausgangs den Bahnhof zu untersuchen und hofften, dort noch einige Souvenirs zu entdecken.

Es war einer der typisch kalten, feuchten und nebligen Tage im Moor. Die beiden waren enttäuscht, als sie den Bahnhof so vernachlässigt vorfanden. Nach einer halben Stunde ging der erste Soldat weg und sagte noch, daß er eine Kneipe suchen würde. Sein Freund war so beschäftigt, in einen Kamin hochzuschauen, daß er ihn nicht hörte. Plötzlich berührte er einen runden, glatten Gegenstand, der hinter dem Mauerwerk steckte. Er zog ihn heraus – und schrie vor Schrecken auf, als ihn ein Totenschädel anstarrte. Er schleuderte den Totenkopf gegen die Wand und rannte um sein Leben. Daß zwischen dem Schädel und dem Geist des alten Mannes eine Verbindung besteht, scheint durchaus wahrscheinlich. Wie es aber dazu kam, daß er in dem dunklen Kamin steckenblieb – darüber möchte ich lieber nicht nachdenken.

Lissadell House

County Sligo, Irland

Langsam senkt sich die Dunkelheit wieder.
Doch jetzt weiß ich: zwei Jahrtausende steinernen Schlafes
Sind aufgerührt zu Albtraum durch eine schaukelnde Wiege:
Welche wüste Bestie, deren Stunde nun gekommen ist,
Schlampt gegen Bethlehem in ihre Geburt?
(Der Jüngste Tag von William Butler Yeats)

Unter den vielen Geistern aus der Vergangenheit, die in Lissadell immer noch umgehen, ist auch derjenige von William Butler Yeats, dem großen Dichter der irischen Romantik, der dieses Herrenhaus und die umliegende Landschaft unsterblich gemacht hat. Für ihn war die Welt des Okkulten die Wirklichkeit. Als Mitglied einer okkulten Geheimgesellschaft, des „Hermetischen Ordens der Goldenen Morgendämmerung", praktizierte er Alchemie und Zauberei als Teil seines lebenslangen Engagements für das Übernatürliche. Er glaubte, einer uralten keltischen Tradition anzugehören, und bezog seine Anregungen aus den reichen Quellen der Mythologie.

Der Speisesaal im Lissadell House

Dieses streng aussehende Haus, das auf einem dichtbewaldeten Grundstück mit Blick auf die Sligo Bay liegt, wurde um 1830 von Sir Robert Gore-Booth, einem Nachkommen elisabethanischer Soldaten und Siedler, als Familiensitz erbaut. Mehrere Mitglieder dieser angesehenen Familie waren umstritten, am meisten Constance Gore-Booth, die spätere Countess Markievicz. Sie war eine irische Freiheitskämpferin, die sich um die Armen in Dublin kümmerte. Sie wurde von den Briten eingesperrt und zum Tode verurteilt, später jedoch begnadigt. Bei Yeats' erstem Besuch im Haus sah er, als er spät abends die große Treppe hinaufstieg, den Geist eines längst vergessenen Freundes. Diese Erfahrung beeindruckte ihn tief und bestätigte ihn im Glauben an die Geisterwelt.

An einem kalten Winternachmittag fuhr ich langsam die lange, kurvige Auffahrt zum Haus hinauf. Der bitterkalte Seewind heulte durch die knorrigen und gekrümmten Bäume, die den alten Weg überschatten. Die jetzigen Besitzer sind Sohn und Tochter Sir Josslyn Gore-Booths, eines bekannten Gartenbauarchitekten. Die sehr englisch wirkende Eva Gore-Booth begrüßte mich. Als mich diese großzügige und freundliche Frau durch das Haus führte, war ich sofort hingerissen von der verblaßten Vornehmheit der Räume. Mir war, als stände die Zeit still und hielte die Schönheiten und Verschrobenheiten eines vergangenen Zeitalters fest. Sir Henry Gore-Booth war ein gefeierter Arktisforscher, deshalb ist das Billardzimmer mit Harpunengeschützen und riesigen Walknochen geschmückt. Unter den zahlreichen dort hängenden Fahnen ist auch eine, die man Sir Robert als Dank dafür zueignete, daß er zur Zeit einer verheerenden Hungersnot seinen Besitz verpfändete, damit die Leute in der Umgebung zu essen bekamen. Geradezu unheimlich sind im ganzen Haus verblichene Portraits und abgenützte ausgestopfte Tiere verteilt. Doch am merkwürdigsten ist das Eßzimmer mit den übergroßen Wandbildern des Grafen Casimir Markievicz, dem Ehemann von Constance. Sie stellen Familienmitglieder dar, aber auch den Wildhüter, Förster und Butler.

Beim Tee sprach Eva Gore-Booth von früheren Zeiten, ihrer Liebe zu den Pferden und besonders über dieses alte Haus. Ihre Familie hatte ein gutes Verhältnis zur irischen Bevölkerung. Es war sogar so gut, daß die örtliche Einheit der IRA sich in den zwanziger Jahren weigerte, das Haus in Brand zu stecken. Die Leitung der IRA mußte deshalb eine Abteilung aus Cork kommen lassen, um den Befehl auszuführen. Als diese Gruppe sich dem Haus näherte, flohen die Männer jedoch plötzlich, angeblich weil sie die gespenstische Figur eines großen Mannes hinter jedem Baum der Auffahrt gesehen hatten. Während sie mir diese Geschichten erzählte, hörte ich mitunter den traurigen und klagenden Klang eines Klaviers, das vermutlich ihr Bruder spielte, den ich aber nie sah. Eva Gore-Booth will selbst noch nie einen Geist in Lissadell gesehen haben. Ich allerdings ging fort mit dem Gefühl, daß ich die besondere Ehre hatte, Zeuge seltsamer Erscheinungen aus einer vergangenen Zeit zu sein. Dies war eine traurige und zugleich zauberhafte Erfahrung.

William Butler Yeats (1865 – 1939) als junger Mann
(Hulton-Deutsch Picture Company)

Der grosse Treppenaufgang im Lissadell House

Burton Constable Hall

Yorkshire, England

Dieses gewaltige elisabethanische Herrenhaus könnte man in seiner topfebenen Umgebung beinahe für ein Puppenhaus halten. Es ist Wohnsitz der Familie Constable. Sein jetziger Besitzer, John Chichester-Constable, trägt den prachtvollen Titel des sechsundvierzigsten Lord Paramount of the Seigniory of Holderness. Es war immer ein römisch-katholisches Haus, und die Familie schaut auf eine eindrucksvolle militärische Geschichte zurück. Bei meiner Ankunft führte man mich durch einen langen, dunklen Gang zum Gutsbüro. Hier sprach ich mit dem Verwalter David Wrench über die bewegte Vergangenheit und die mit dem Haus verknüpften Geistererzählungen. Viele Erscheinungen wurden sowohl von den Besitzern wie auch von den zahlreichen Bediensteten bezeugt, wie ich später herausfinden sollte. Da-

vid Wrench hat selbst die Anwesenheit von etwas Ungewöhnlichem im Haus gespürt. Als einmal ein festliches Essen gegeben wurde, spürte er, daß ihm etwas folgte, als er den als „Print Corridor" bezeichneten Gang entlangging. Er hatte große Angst. Zeugen berichteten, sein Gesicht wäre rot angelaufen und seine Fingernägel hätten tiefe Eindrücke in die Hände gegraben. Am nächsten Morgen verweigerte der Hund eines Arbeiters, durch diesen Gang oder auch in den Ballsaal nebenan zu laufen. Er erzählte, daß Schritte oder etwas anderes durch die Eingangstür in den ältesten Hausteil kommen sollen, dann den Gang entlang gehen, durch den ich gerade gekommen war, und danach außen vor diesem Büro anhalten. Viele Leute hätten sie gehört, und kürzlich hätte eine Angestellte plötzlich gekündigt, weil sie etwas Erschreckendes gesehen oder gehört hatte. Man führte mich dann durch das Haus. Vom Chinesischen Raum aus, in dem schön geschnitzte Drachen sich grimmig an Fenstern und Decke festkrallen, gingen wir über die große Treppe zur Halle, dessen offener Kamin aus Versailles stammen soll. Zahlreiche der hier hängenden Gemälde stammen von William Beckfords Phantasieschöpfung Fonthill Abbey. Hier trafen wir eine Putzfrau namens Jasmine, die berichtete, sie höre oft geisterhafte Schritte, aber sie kämen nie dahin, wo man gerade stehe. Über die eindrucksvolle Treppe kamen wir zum „Museum", das vieles aus der wissenschaftlichen Sammlung William Constables enthält, der Stipendiat der Royal Society war und 1791 starb. Zahlreiche Exponate aus seiner faszinierenden Sammlung fand man versteckt auf dem Speicher des Hauses. Dessen märchenhafte Atmosphäre und die verwinkelte Struktur des Gebäudes ermöglichen immer wieder neue Entdeckungen. William Constables Geist soll im goldenen Schlafzimmer nicht weit vom Museum umgehen und wurde zuletzt von der Großmutter des jetzigen Besitzers gesehen.

Danach zeigte man mir einen schönen Raum, ganz geschmückt mit Wandgemälden nach Figuren aus *Alice im Wunderland,* die W. A. Sillince, der Karikaturist der Zeitschrift *Punch,* gezeichnet hat. Doch dann erfuhr ich, daß es unter den Fußböden eine andere Phantasiewelt gab, ein Labyrinth geheimer Gänge, die einst bevölkert waren mit flüchtigen Schatten von Priestern, Mönchen und Nonnen, die in der katholischen Festung Zuflucht suchten. Der Geist einer Nonne soll die eindrucksvolle lange Galerie entlanggleiten. Unten angekommen sah ich einen Scherenschnitt des Kindermädchens Dowdall, das im neunzehnten Jahrhundert hier diente. Die Familie liebte sie sehr, und ihr Geist wird oft im Haus gesehen. In der Küche, wo sich ein mit „Geheimzimmer" gekennzeichnetes Glockenseil befinden soll, traf ich Nina, eine Filipinin, die seit neunzehn Jahren als Köchin im Haus arbeitet. Die Küchen liegen neben der Privatkapelle im Nordflügel des Hauses und Nina erzählte mir, sie hätte kürzlich eine geheimnisvolle Frau Tag und Nacht in der Kapelle weinen hören. Sie sieht auch öfter eine Erscheinung eines Mannes im Gang, der zum Chinese Room führt, die sich aber verflüchtigt, wenn sie ihr folgt. Auch das Grundstück außerhalb des Hauses hat seine Geister. Das Herrenhaus wurde auf einer mittelalterlichen Siedlung errichtet, von der jedoch nur noch wenig zu sehen ist. An der Westseite des Hauses befinden sich zahlreiche romantisch aussehende klassizistische Statuen, die offensichtlich zu einem prächtigen Geisterballett gehören. Die am Ende der Auffahrt durch den Wald führende Straße soll angeblich von einer römischen Legion heimgesucht werden. Ein Jugendlicher, der mit dem Motorrad unterwegs war, sah diese Vision. Sein Haar stand buchstäblich zu Berge, als er nach Hause gekommen war. Beeindruckt von der gelassenen und sicher sehr englischen Art, mit der beinahe jeder die geisterhaften Bewohner als ganz normalen Bestandteil des Lebens auf diesem Gut akzeptierte, verließ ich den Ort. Dabei spürte ich eine Aura der Traurigkeit und Einsamkeit rund um dieses einzigartige Haus, so als ob es selbst der Vergangenheit nachtrauerte. Doch wie ich schon oft bemerkt habe, ist es nicht der Ort, der einsam oder traurig ist – die betrachtende Person fühlt sich so.

Die Privatkapelle der Burton Constable Hall

Statue in den Parkanlagen der Burton Constable Hall

Bodiam Castle
Sussex, England

Wieviele böse Taten und hinterhältige Verschwörungen man hinter den Mauern dieses Märchenschlosses auch ausgeführt haben mag, heute ist es friedlich wie ein Grab. Sein gespenstisches Bild im tiefen Wasser des Burggrabens spiegelt vergangene, glanzvolle und geheimnisumwobene Zeiten. Diese Ruhe soll manchmal von den sanften Klängen geisterhafter Musik aus einem anderen Zeitalter gestört werden. In Mondscheinnächten wurde der Geist einer roten Frau gesehen, die auf einem der mächtigen Schloßtürme steht und erwartungsvoll in die Ferne blickt. Niemand weiß aber, wer sie ist und auf wen sie dort oben wartet. Sir Edward Dalyngrigge erbaute das Schloß 1386. Es ist ein herausragendes Beispiel für mittelalterliche Festungsbauten. Von der Mitte des siebzehnten Jahrhunderts an stand es leer, bis Lord Curzon die efeu-umrankten Ruinen 1916 erwarb und sie liebevoll zu restaurieren begann. Während der Abend hereinbrach und die Schatten länger wurden, setzte ich mich hin und betrachtete diese verwunschene Szenerie. Welchen Kontrast bilden doch der Zauber und die Anregungen aus dieser verlorenen Welt gegenüber dem bedrückenden Materialismus unserer heutigen nüchternen Wirklichkeit ...

Ballaghmore Castle

County Tipperary, Irland

Das erste Mal hörte ich von Ballaghmore Castle und seiner dunklen Geschichte durch einen befreundeten Künstler in Dublin, den dieses Schloß schon vor zwanzig Jahren zum Malen reizte. Im fünfzehnten Jahrhundert wurde es von den Fitzpatricks, den Lords of Upper Ossory, erbaut. Es lag an einer der strategisch wichtigen großen Straßen Altirlands, die durch das wilde und unbezwingbare Slieve Bloom Gebirge führte. Heute nutzt man den von einem Gehöft umgebenen und einstmals großen Turm als Getreidespeicher. Doch die von knorrigen Ästen umrahmte geisterhafte Ruine fesselt die Einbildungskraft des Betrachters wie durch einen übernatürlichen Zauber. Die heutige Besitzerin Evelyn Clarke, deren Familie schon seit fünfundvierzig Jahren hier wohnt, erzählte mir von der turbulenten Geschichte des Schlosses. Dank seiner strategischen Position hatte es durch Jahrhunderte hindurch viele lange und gnadenlose Belagerungen überstanden, bis es schließlich von Cromwells Invasionsarmee 1647 teilweise zerstört wurde. Die Toten der besiegten Garnison begrub man in einem von Bäumen umgebenen kreisförmigen Grab unweit des Schlosses. Nichts wollte auf diesem Grabhügel wachsen, der bis heute einen traurigen und mitleiderregenden Anblick bietet. Nach dieser Verwüstung gingen Schloß und Land an die Familie Coote, die späteren Earls of Mountrath, als Belohnung für ihren Kriegsdienst. Mitte des neunzehnten Jahrhunderts verkauften sie den Familienbesitz an die Familie Ely, die das Gebäude restaurierte. Auf unserem Gang um das Schloß zeigte Frau Clarke plötzlich auf einen Fleck hoch oben auf einer der Schloßwände. Dort konnte man eine alte, gemeißelte, *sheila-na-gig* genannte Figur sehen, ein heidnisches Fruchtbarkeitssymbol, das übernatürliche Kräfte besitzen soll und in alten Zeiten bei Geheimzeremonien benutzt wurde. Inzwischen hat es der Efeu bereits teilweise überwuchert. Im Bauernhaus zeigte mir Frau Clarke einige alte Urkunden über das Schloß und deutete dann auf einen dunklen Fleck auf einer Steinplatte des Küchenbodens. Das sei das Blut Richard Elys, der auf Ballaghmore erschossen wurde und verblutete. Sein Mörder war ein berüchtigter Wilderer namens James Delaney, der später in die Berge floh, wo er der Sage nach in einer Höhle lebte und starb. Es wird auch erzählt, Richard Elys Geist sei lange in der Nähe von Haus und Schloß gesehen worden. Ich fragte Frau Clarke, ob sie Angst hätte, hier nachts alleine zu bleiben. Sie schaute mich betrübt an und entgegnete, seit dem Tod ihres Gatten wäre es schon so, aber nicht so sehr wegen der Geister, sondern eher wegen der Lebenden – den heutigen Menschen und, wie sie es ausdrückte, „der Unehrlichkeit und Gewalt". Schloß und Hof sind zum Verkauf ausgeschrieben.

Castleboro House

County Wexford, Irland

Dieses prächtige klassizistische Herrenhaus wurde um 1840 vom ersten Lord Carew erbaut. Seine Familie war englischer Herkunft und hatte ihr Vermögen durch verschiedene geschickte Heiraten und glänzende politische und juristische Karrieren vermehrt. Lord Carew heiratete 1816 Jane Catherine Cliffe, die einhundertundzwei Jahre alt wurde und drei ihrer vier Kinder überlebt haben soll. Diese außergewöhnliche Frau steht im Mittelpunkt der folgenden sonderbaren und übersinnlichen Geschichte. Lady Carew liebte Irland und dieses Haus, interessierte sich sehr für die Innendekoration und war besonders begabt für die Stickerei. Die politischen Verpflichtungen ihres Gatten verlangten von ihm lange Auslandsaufenthalte, meistens in England. Sie begab sich 1856 an einem heißen Sommerabend nach einem anstrengenden Tag früh zu Bett und fiel bald in tiefen Schlaf. Um ein Uhr nachts hörte ihr Mädchen, die im Nebenzimmer schlief, einen furchtbaren Schrei. Sie lief ins Schlafzimmer ihrer Herrin und sah, wie diese erschrocken aus dem Fenster herausstarrte. Das Mädchen konnte nichts Ungewöhnliches erkennen. Als Lady Carew sich aber wieder gefaßt hatte, beschrieb sie detailliert, wie sie plötzlich und vor Kälte zitternd aufgewacht sei. Sie habe das Fenster schließen wollen, als sie im Mondlicht die schreckliche Vision eines „Phantombegräbnisses" gesehen hatte. Seltsam war nur, daß der Sarg offen war und keine Leiche enthielt, so als ob die Trauernden erst noch auf jemand warteten, der sterben würde. Zwei Tage später erhielt Lady Carew die Nachricht vom Tod ihres Gatten: Er starb genau zu der Stunde, als sie die Erscheinung hatte. Die Familie bewohnte das Haus weiterhin, auch wenn man es nur noch einige Monate im Jahr für feudale Feste nutzte, bis dann die IRA es 1923 bei einem Ball niederbrannte. Heute ist es eine düstere, leere Ruine, doch seine zerbröckelnden Stufen werden noch immer von den Geistern vieler berühmter Gäste bevölkert.

„Das Phantombegräbnis"
(Mary Evans Picture Library)

Die Hexen von Belvoir Castle

Leicestershire, England

Zu den zahlreichen Bediensteten, die im siebzehnten Jahrhundert vom sechsten Grafen von Rutland auf Belvoir Castle angestellt waren, gehörte auch eine gewisse Joan Flower aus dem nahegelegenen Dorf Bottesford sowie ihre beiden betörenden Töchter, Margaret und Phillipa. Joan war nicht beliebt bei ihren Nachbarn; sie galt als ordinär, bösartig und – was das Schlimmste für diese gottesfürchtigen Bauern war – als ungläubig. Sie sah wild und ungepflegt aus, und sie rühmte sich, außergewöhnliche Kräfte zu haben. Kurzum, man verdächtigte sie, eine Hexe zu sein. Nach einer gewissen Zeit wurde sogar die Gräfin selbst argwöhnisch ob des schamlosen und befremdenden Verhaltens dieser drei Frauen, und als sie herausfand, daß Joan im Schloß Diebstähle verübte, nutzte sie die Gelegenheit, die Magd zu entlassen. Joan war erbost und sann auf Rache. Gemeinsam mit anderen riefen die drei die Hilfe des Teufels herbei und verfluchten den Grafen und seine Familie. Binnen eines Jahres starben die beiden kleinen Söhne des Grafen. Später litten der Graf und die Gräfin unter entsetzlichen Krämpfen und wurden schließlich unfruchtbar. Einige Jahre darauf wurden Joan, ihre beiden Töchter und drei weitere Frauen verhaftet und in Lincoln vor Gericht gestellt. Der Hexenzirkel gestand zahlreiche entsetzliche Verbrechen, doch dann widerrief Joan Flower und stritt ab, die beiden Kinder getötet zu haben. In diesem Moment fragte sie nach Brot und Butter, um ihre Unschuld zu beweisen und „sie wünsche, daß das Essen nicht durch sie hindurchginge, falls sie schuldig sei". So lautete ein altes Gottesurteil aus angelsächsischer Zeit, das sich dann auch entsprechend ihres Wunsches erfüllte. Sie erstickte noch im Gerichtssaal und erwies sich so tatsächlich als Hexe. Auch die anderen Frauen wurden für schuldig befunden und am 11. März 1618 in Lincoln gehenkt.

Ich suchte die Kirche zu Bottesford auf, wo man den sogenannten „Hexengrabstein" besichtigen kann. Die Statuen zeigen die beiden unglückseligen Jungen kniend zu Füßen der Eltern; als Symbol des Todes haben beide einen Totenschädel in den Händen. Eine Inschrift bekundet, daß „sie in ihrer frühesten Kindheit durch Magie und Hexerei starben".

Der „Hexengrabstein“
in der Kirche zu Bottesford

Hexensabbat
(Hulton-Deutsch Picture Company)

Duntulm Castle

Isle of Skye, Schottland

Die gespenstischen Ruinen von Duntulm Castle thronen hoch oben auf einer ins Meer ragenden Felswand in der nordwestlichsten Ecke der sagenumwobenen und zauberhaften Isle of Skye. Dieses absolut uneinnehmbare Schloß wurde auf dem Gelände des alten Forts Dun Dabhaid errichtet, dem Wohnsitz der aus der Mythologie bekannten altnordischen Prinzessin Biornal. Das Schloß hatte als einer der Hauptsitze der MacDonalds, der Lords of the Isles, eine besonders grausige Vergangenheit, bis der Clan um 1730 gezwungen wurde, es aufzugeben. Der Legende nach konnten sie nicht mehr länger mit so vielen unglücklichen und schreckenerregenden Gespenstern leben, die endlos durch die grossen Säle streiften. Das grausigste Gespenst ist der Geist von Donald Gorm Mór, dem legendären Anführer der MacDonalds, einem rücksichtslosen und gefürchteten Krieger, der schließlich selbst in Duntulm Castle von einem Pfeil getroffen wurde und verblutete. Eine Krankenschwester ließ einen seiner Söhne, ein Kleinkind von achtzehn Monaten, versehentlich über die Schloßmauer fallen, wo es auf den schroffen Felsen zerschellte. Zur Strafe warf man die alte Frau hinterher. Am Rande der Klippen kann man noch immer ihre mitleiderregende Erscheinung sehen. Doch die mit Abstand unheimlichste Sage, die in mehreren Versionen erzählt wird, handelt von Gefangenschaft und Tod des Uisdean Mór, dem Vetter Donald Gorms. Die beiden rivalisierten nicht nur um die Führung des Familienclans, sondern liebten auch die gleiche Frau. Schließlich triumphierte der schlaue Donald Gorm und ließ seinen aufgrund einer List gefangenen Vetter mit einem einzigen Stück Salzfleisch, einem Laib Brot und einem Krug Wasser in den tiefsten und feuchtesten Kerker des Schlosses werfen. Als der junge Mann seinen Hunger nicht mehr länger beherrschen konnte, verschlang er zunächst das Salzfleisch und dann das Brot. Von einem unstillbaren Durst übermannt, hob er den Krug an die Lippen, fand ihn zu seinem großen Schrecken aber leer, eine letzte pervertierte und besonders boshafte Tat seines Vetters. Er starb umnachtet, nachdem seine Schmerzensschreie die dicken Mauern des Schlosses erschüttert hatten, wie sie es auch lange nach seinem Tod wohl noch tun. Die Kerkergewölbe sind längst mit Steinen gefüllt worden, aber die in die Felswand gehauenen Vertiefungen unter dem Schloß, wo die McDonalds ihre majestätischen Galeeren sicherstellten, sind noch zu sehen. Und wenn die eiskalten Winde um die Schloßmauern pfeifen und heulen, scheinen diese schaurigen Erzählungen nur allzu wahr zu sein.

Elton Hall

Cambridgeshire, England

Die Überspanntheit einiger Mitglieder der Familie Proby, den Earls of Carysfort, findet ihr Abbild in den sehr unterschiedlichen Baustilen dieses romantischen, verwinkelten Gebäudes, das diese Familie schon seit mehr als dreihundert Jahren bewohnt. Die Verwalterin des Familienbesitzes erklärte mir bei einer Führung, daß bereits im fünfzehnten Jahrhundert die Familie Sapcote ein Haus gebaut hatte, von dem aber nur noch die Kapelle und der Pförtnerturm erhalten sind. Sie wurden in Sir Thomas Probys Neubau integriert, als er im siebzehnten Jahrhundert das Besitzrecht erwarb. In der Vergangenheit wurde das Gebäude mehrmals unter den verschiedenen Familienmitgliedern aufgeteilt, so daß sie, von den anderen getrennt, ihr eigenes Leben führen konnten. Gegen Ende des neunzehnten Jahrhunderts lebte ein Bruder oder Vetter des vierten Earls of Carysfort im alten Pförtnerturm. Dieser Mann war spielsüchtig und erlitt oft hohe Verluste im Kartenspiel. Er heckte deshalb einen schlauen Plan aus, um die hohen Schulden auszugleichen. Er lockte ahnungslose Spieler auf das Gut und wenn er dann verlor, bot er ihnen eine Führung durch den Park an, auf der er sie von hinten auf den Schädel schlug und sie bewußtlos liegen ließ, nachdem er ihnen sein im Spiel verlorenes Geld wieder abgenommen hatte. Nach seiner Rückkehr ins Haus schickte er seine Diener auf die Suche, so daß das arme Opfer glauben mußte, man würde ihm helfen, anstatt ihn zu berauben. Bedauerlicherweise ging er manchmal zu weit und der Schlag tötete den unglückseligen Gast. Dann warfen die Diener die Leiche in einen Brunnen im Garten.

Den Geist dieses boshaften Mannes soll man nachts im Park umherwandeln sehen, zweifellos auf der Suche nach neuen Opfern und nicht, um seine skrupellosen Verbrechen zu bereuen. Neben einem Dienstmädchen und einem

Fenster im alten Pförtnerturm von Elton Hall

früheren Gutsverwalter haben mehrere andere Personen in den letzten fünf Jahren den in einen langen, schwarzen Mantel gehüllten Geist gesehen.

Beim Fotografieren der Außenfront dieses faszinierenden Hauses bemerkte ich plötzlich Kopf und Schultern eines alten Mannes, der aus dem Fenster des alten Pförtnerturms unter dem Wappen der Familie Sapcote herausschaute. Nach anfänglichem Erstaunen erkannte ich, daß es die Büste oder Statue eines entfernteren Verwandten sein mußte, aber es war schon spät und ich konnte niemand mehr danach fragen. Ich ging am halbverfallenen Stall vorbei zurück zum Auto und war eigentlich sehr zufrieden, daß der sogenannte „Gang des Fortschritts“ an diesem einzigartigen Ort vorbeigegangen ist.

Leap Castle

County Offaly, Irland

Das allgemein als das größte Spukschloß in ganz Irland bekannte Leap Castle ist ohne den geringsten Zweifel auch das düsterste und schreckenerregendste Gebäude, das ich bisher fotografiert habe. Einst war es Hauptsitz der mächtigen und kriegerischen O'Carrolls, der Princes of Ely. Es steht auf einem riesigen Felsen und wacht von dort über einen strategisch wichtigen Paß durch das wilde Slieve Bloom Gebirge. Mein erster Besuch liegt schon einige Zeit zurück. Ich kann mich genau an das anfängliche Gefühl von Furcht und Faszination erinnern: Kein Ort zuvor barg so viele Spuren des Übersinnlichen. Die O'Carrolls waren die letzte irische Sippe, die sich den Briten im siebzehnten Jahrhundert ergab. Ihr furchterregender Ruf hinterließ ein Vermächtnis von Blut und Schrecken, während sie sich im Bruderkampf um die Macht ihres Reiches schlugen. Die Einheimischen haben immer noch einigen Respekt und fürchten die vielen Geister, die in der Schloßruine spuken sollen. Über der Haupthalle im großen Turm aus dem vierzehnten Jahrhundert liegt die „Blutige Kapelle", in der der einäugige Teige O'Carroll seinen Bruder am Altar erschlug. Passanten sahen mitten in der Nacht, wie plötzlich ein Fenster in diesem Raum in einem seltsamen Licht aufleuchtete. In einer Ecke dieses Gemachs befand sich eine mit großen Nägeln ausgekleidete Oubliette, ein geheimes Verlies, in das man ahnungslose Gefangene durch eine Falltür warf und dann „vergaß". Angeblich wurden hier drei Karrenladungen Knochen herausgeholt, nachdem das Gebäude 1922 abgebrannt war.

Unter dem Bergfried soll sich ein Netz tiefer, in den Fels gehauener Verliese erstrecken, mit zahlreichen zugemauerten Gängen und geheimen Gemächern. Man fand auch dort zahlreiche Menschenskelette sowie Speerspitzen. Die letzten Besitzer vor dem Brand, die die gotischen Flügel anbauten, wollen von der Existenz dieser höhlenartigen Gräber nichts gewußt haben.

Als die Darbys hier wohnten, kam es des öfteren vor, daß den Gästen nachts das schreckliche Gespenst einer großen weiblichen Gestalt erschien. Sie war in einen roten Umhang gehüllt, reckte ihre rechte Hand drohend über den Kopf und schien von innen her zu leuchten. Der unglückliche Besucher wachte immer mitten in der Nacht mit diesem Alptraum auf und spürte eine außergewöhnliche Kälte in der Herzgegend. Ob dieser Geist mit dem Mord einer Prinzessin aus dem Fürstenhaus der O'Carrolls vor vielen Jahrhunderten zu tun hat, ist nicht bekannt. Jedenfalls haben die Bediensteten der Darbys dieses

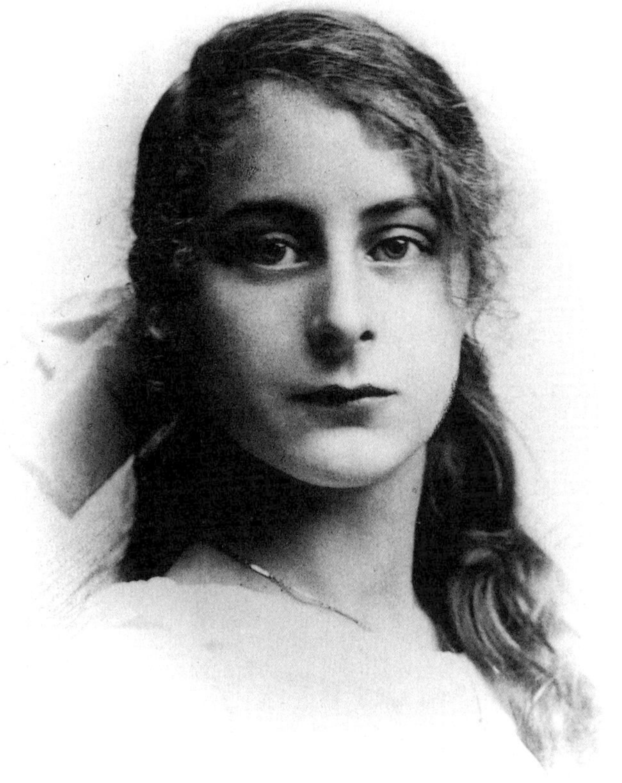

Louise Ashby, die Mutter von Peter Gerrard

Peter Gerrard

Prunkschlafzimmer immer gemieden. Das seltsamste und unheimlichste Gespenst des Schlosses ist ein übelriechender Elementargeist, halb Mensch, halb Tier, der auf der Turmtreppe spukt und die Verkörperung aller schrecklichen Vorgänge und Übeltaten sein soll, die hier stattgefunden haben. Die Familie Darby erwarb den Besitz, als im siebzehnten Jahrhundert Jonathan Darby die Tochter eines Anführers des O'Carroll-Clans heiratete. Dieser galt als treuer Royalist und war als Hauptmann recht unzivilisiert. Bevor man ihn wegen Verrats einsperrte, soll er mit Hilfe zweier Diener, die er danach ermordete, einen wertvollen Schatz in Leap Castle versteckt haben. Als er viele Jahre später entlassen wurde, war er so verwirrt, daß er sich nicht mehr an das Versteck des Schatzes erinnern konnte. Darum wurde sein Geheimnis bis heute nicht gelüftet.

Lord Rosse wohnt im nahegelegenen Birr Castle, das seine Ahnen auf dem Grundstück einer anderen ehemaligen Festung der O'Carrolls bauten. Er vertraute mir an, daß er sich bis heute vor Leap Castle fürchte. Sein Vater erzählte ihm, daß er als Kind manchmal mit seiner Gouvernante dort zum Tee gewesen wäre. Da das Gerücht umging, daß in einem Zimmer mehrere Skelette hinter der Wand eingemauert seien, ließ der damalige Lord Darby wütend die Wand abreißen. Zu seinem Schrecken fand man drei aufrecht stehende Skelette. Er ließ sie sofort wieder einmauern, mit der Begründung, wenn einer seiner Ahnen sie umgebracht hätte, dann wohl aus gutem Grund. Lady Rosse, eine angesehene Archäologin, glaubt, daß das Schloß auf einer Kraftlinie liegt und daß die gewaltigen Kräfte, die diese uralten Linien erzeugen, vom Guten wie vom Bösen beeinflußt werden könnten; im vorliegenden Fall unglücklicherweise vom letzteren. Sie sei anwesend gewesen, als kürzlich ein Medium, ein Mexikaner, im Schloß einen Exorzismus versuchte, doch hätte sie dieses Erlebnis als entnervend empfunden. Anschließend besuchte ich Peter und Mide Gerrard, die Leap Castle von 1973 bis 1975 besaßen. Sie erzählten mir, daß 1922, während die Darbys in England lebten, das Schloß von der IRA in Brand gesteckt wurde. Anschließend hätte eine Bande das Herrenhaus geplündert und auf grausige Weise die zahmen Pfaue an Fleischerhaken am Turm aufgehängt. Die Darbys gaben das Schloß danach an eine alte Dame, die als Familienfaktotum galt und wenig später starb. Nach einem weiteren Besitzerwechsel hätten die Gerrards es als Wertanlage gekauft. Peter Gerrard erzählte mir, seine Mutter sei eine Freundin von Cicely O'Carroll gewesen und hätte einmal anläßlich eines Tanzabends auf dem Schloß übernachtet. Danach erzählte sie ihm, daß sie schlecht geschlafen und dauernd gespürt hätte, wie irgend etwas um das Fußende ihres Bettes schwebte. Peter ergänzte, daß er davon überzeugt sei, daß die ganze Gegend um Leap verflucht sei. Keinem, der das Schloß besaß, hätte es je Glück gebracht. Er hoffe nur, diesem Fluch entgangen zu sein, da er beim Verkauf Geld eingebüßt hatte ...

Der nächste Besitzer, Peter Bartlett, war Australier und ein O'Bannon. Seiner Familie gehörte das Schloß vor den O'Carrolls, denen sie aber untergeordnet waren. Ich traf

In der Haupthalle von Leap Castle

ihn 1988 bei einem Abendessen und spürte, wie der Aufenthalt im Schloß an seinen geistigen und physischen Kräften zehrte. Er erzählte, daß mehrere Poltergeistphänomene aufgetreten seien, als er mit der Renovierung begonnen hatte. Er neige dazu, Lady Rosses Theorie über die überwältigenden Kräfte des Felsens zuzustimmen. Wir würden in einer Zeit leben, in der alle Geister der Toten aufschrien und uns warnten, die Natur und ihren Überfluß nicht zu mißbrauchen. Im folgenden Jahr starb Peter auf tragische Weise.

Heute gehört das Schloß einer Stiftung. Lady Rosse meinte, sie würde das Schloß gern von seinem Gespensterruf befreien, aber ich frage mich, welcher Zauber diese düstere Festung von ihrer höllischen Vergangenheit befreien könnte: Meiner Meinung nach läßt man diese übernatürlichen Kräfte am besten in Ruhe.

Cleopatra's Needle

Victoria Embankment, London

Der Todesfluch Cleopatras, der sagenumwobenen Königin im Alten Ägypten, wird seit ihrem dramatischen Selbstmord im Jahre 30 vor Christus mit diesem riesigen Obelisken verknüpft. Das heute am Ufer der Themse stehende Denkmal ist mehr als zwanzig Meter hoch und wird von zwei Sphinxen bewacht. Es ist Symbol für Zauber, Geheimnis und Aberglauben einer der ältesten Kulturen der Welt.

Die vor über dreitausend Jahren unter der Regierung Thutmosis III. gestaltete Säule war von der ägytischen Regierung mehreren britischen Monarchen immer wieder als Geschenk angeboten worden, wurde jedoch lange abgelehnt, bis schließlich 1877 das Angebot angenommen wurde. Jedoch endete die Überfahrt beinahe in einem Unglück, als während eines fürchterlichen Sturms im Golf von Biscaya sechs Matrosen von Bord gespült wurden und ertranken. Schließlich kam die Säule im folgenden Jahr sicher nach England und wurde an ihrem jetzigen Standort aufgestellt. Aber der alte Fluch scheint weiter zu wirken.

Nach Angaben der Londoner Wasserpolizei geschehen in der Nähe des Obelisken mehr Selbstmorde als an irgendeiner anderen Stelle des Themseufers. Auch Gelächter wie von Wahnsinnigen und herzergreifendes Stöhnen ist hier oft zu hören. Den verschwommenen Umriß eines nackten Mannes hat man schon von der Mauer springen sehen. Aber nie ist ein Geräusch zu hören, wenn sein Körper in das Wasser eintaucht.

Ich fotografierte die Säule an einem frühen Wintermorgen. Das Denkmal stand einsam in seiner menschenleeren Umgebung, nur ein alter Penner schlief auf den Stufen. Der Gegensatz von Glanz und Armut, der mich wieder an die rätselhafte und vergängliche Existenz der Menschheit erinnerte, ließ die Sagen um den uralten Fluch der Cleopatra noch erschreckender erscheinen.

Newark Park

Gloucestershire, England

Das „Haus der Geheimnisse", wie es oft bezeichnet wird, steht – umgeben von Wäldern und alten Wildparks – hoch oben auf einem Steilhang der Cotswold Hills und ist so abgelegen, daß man sich wie eine verlorene Seele in einer vergessenen Welt vorkommt. Schon der erste Blick auf das unwirtliche Gebäude zehrte an meinen Nerven – der harsche Winternebel schien über die grauen Fenster zu kriechen, als ob er die dunklen Geheimnisse verbergen wollte, die dahinter lagen. Ich parkte gerade vor dem Haus, als plötzlich die Tür aufsprang und drei der größten Deutschen Doggen, die ich jemals gesehen habe, mein Auto umringten. Ich saß wie zu Eis erstarrt. Ihnen folgte der Besitzer, Bob Parsons, ein aus Texas stammender Architekt, der das Gebäude vom Na-

Sir Nicholas Poyntz
(National Portrait Gallery, London)

tional Trust gemietet hat. Er zerrte die Hunde zurück und fragte, ob ich mit ihm essen wolle.

Ich folgte ihm in die Küche, wo er mir seinen Hausmeister Michael Clayton vorstellte, einen ehemaligen Opernsänger mit einer Leidenschaft für alte Häuser. Clayton erzählte mir, daß es kaum Schriftliches über die Geschichte dieses Hauses gibt. Es wurde 1550 als Jagdschlößchen von Sir Nicholas Poyntz aus dem nahen Iron Acton gebaut. Sir Nicholas' wechselhafte Karriere reichte vom Königlichen Kammerdiener Heinrich des Achten im Jahre 1539 bis zu zwei Jahren in Haft, die er von 1541 – 43 im Schuldnergefängnis verbrachte; 1546 wurde er dann zum Vizeadmiral der Kriegsflotte gegen Frankreich und Schottland ernannt. Ein damaliger Chronist, Aubrey, notierte, Sir Nicholas sei ein Schürzenjäger gewesen, und zur Fertigstellung von Newark Park bemerkte er: „Sir Nicholas Poyntz hat sich ein edles Haus für seine Huren gebaut".

Das Gebäude wechselte mehrfach den Besitzer, bevor es 1790 für Reverend Lewis Clutterbuck umgebaut wurde. Es blieb bis 1949 in dessen Familienbesitz, dann wurde es dem National Trust in Erinnerung an einen im Ersten Weltkrieg gefallenen Sohn vermacht wurde. Der Trust vermietete es an ein Altersheim, das jedoch in Zahlungsschwierigkeiten kam und Newark Park aufgeben mußte. In der Folge verfiel das Gebäude zusehends und stand mehrere Jahre leer, bis Bob Parsons es übernahm und die große Aufgabe, Haus und Grundstück wiederherzustellen, in Angriff nahm.

Auf einer Party kurz nach seinem Einzug wurde Bob von einer Nachbarin gefragt, ob er sich dessen bewußt sei, daß es im Haus spuke. Er verneinte, und so sagte sie ihm, er könne darüber in einem alten Buch in der Hausbibliothek nachlesen. Leider waren jedoch alle Bücher einige Jahre zuvor verkauft worden. Im Laufe der Jahre hatte Bob einige „übernatürliche" Erlebnisse. Dauernd hörte er mitten in der Nacht geisterhafte Schritte und lautes Krachen, dessen Ursache nicht erkennbar war. Alte Dienstbotenglocken klingelten, wie von Geisterhand bewegt. Doch am schrecklichsten ist ein starker Druck, der mitunter nachts auf seinem Bett lastet. Allerdings hat er persönlich nie einen Geist gesehen, sondern immer nur deren Anwesenheit gespürt. Die meisten Leute, die im Schloß übernachtet haben, berichten von ähnlichen Phänomenen.

Michael Clayton führte mich danach durch Haus und Gelände. Wir stiegen eine schier endlose Steintreppe hinab in riesige alte Kellerräume, in denen sich Sammlungen seltsamer Miniaturfiguren, alter Münzen und anderer Kunstgegenstände befinden, die auf dem Grundstück von Newark Park ausgegraben wurden. Auch im Haus selbst entdeckte man viele Geheimnisse, darunter ein Versteck unter den Dielenbrettern eines Schlafzimmers. Die feuchten und kalten Keller waren besonders unheimlich. Ich mußte unwillkürlich an die alten Leute denken, die hierhergekommen waren, um in diesem einsamen Haus zu sterben.

Während der weiteren Besichtigung des Hauses beeindruckte mich die Mühe und Sorgfalt, die auf die Restaurierung und einfühlsame Möblierung der Räume verwandt wurden. Doch spürte ich auch die ganze Zeit über, daß das Gebäude selbst ein unterschwelliges Gefühl oder gar die Präsenz des Bösen selbst vermittelte, daß es von schaurigen Geheimnissen erzählt, die immer noch in seinen Mauern schlummern. Ich fotografierte und erfragte später, als wir bei einer Tasse Tee zusammensaßen, mehr über seltsame Erfahrungen meiner Gastgeber. Bob Parsons berichtete, daß vor einiger Zeit mehrere Mitglieder einer spiritistischen Gesellschaft eine Nacht im Haus verbrachten und seltsame Stimmen, Schritte und Kettenrasseln aufzeichneten. Bei einer anderen Gelegenheit drehte eine Fernsehgesellschaft im Haus einen Horrorfilm. Als der Bühnenmaler im oberen Stockwerk arbeitete, hörte er Schritte. Er dachte, es sei Bob, entdeckte aber später, daß er zu der Zeit allein im Haus war. Michael ergänzte, eines der Schlafzimmer werde besonders heimgesucht. Erst kürzlich hatte eine Besucherin mit übernatürlichen Fähigkeiten vor diesem Zimmer einen Ausschlag von eigenartigen roten Flecken auf der Haut – sie hatte vorher nichts von dem besonderen Ruf dieses Zimmers gewußt.

Es war jetzt dunkel und Zeit zu gehen. Ich verabschiedete mich von meinen Gastgebern und konnte nicht umhin zu fragen, warum sie in einem solchen Haus blieben. Bob Parsons antwortete, daß er es selbst nicht genau wüßte, doch hätte er sich von Anfang an zu ihm hingezogen gefühlt. Als ich durch den Flur hinausging, bemerkte ich den schauerlichen Fries mit Schafsköpfen oben an der Decke und fragte mich, ob nicht auch noch Skelette in diesem eigenartigen Haus zu finden sein müßten.

Teil des Schafskopf-Frieses von Newark Park

„Les Trois Magots" von James Gillray
(Trustees of the British Museum; Reproduktion mit freundlicher Genehmigung)

Castlelyons
County Cork, Irland

Die Barrymores gelten, wenn schon nicht als eine der mächtigsten, dann sicher als eine der verrufensten Aristokratenfamilien in ganz Irland. Sie sind anglo-normannischer Herkunft. Auf der Höhe der Macht beherrschten sie von ihrem Hauptsitz Castlelyons aus mehr als 300 000 Morgen Land in der Grafschaft Cork. Heute ist das Schloß mit seinen vielen hohen und efeuumrankten Kaminen eine markante Ruine, ein im Umkreis von drei Meilen weithin sichtbares Wahrzeichen. Es ist ein zugleich tristes und ergreifendes Mahnmal für die Schandtaten der Familie: Verrat, Mord und Zügellosigkeit, die letztlich zum Ende der tyrannischen Herrschaft führten.

Vom ursprünglichen Schloß, das auf dem Gelände einer noch älteren Befestigungsanlage des irischen O'Lehan-Geschlechts erbaut wurde, blieb nur eine einzige massive Mauer übrig. Der eindrucksvolle Ruf der Barrymores war zur Zeit des David Barry schon fest begründet. Er wurde 1627 zum ersten Earl of Barrymore ernannt und erbte den Besitz seines taubstummen Großonkels. Bald machte er sich daran, ein prächtiges Herrenhaus zu bauen, wie es für einen Mann seiner Stellung angemessen war. Nach zeitgenössischen Dokumenten soll es einen großen, geräumigen Saal, ausgeschmückt mit vielen Waffen und den Köpfen des auf Treibjagden erlegten Großwilds, eine großzügige Galerie, riesige Ställe, herrliche Gärten und einen Wildpark gehabt haben. Der erste Earl erwies sich als nicht minder furchterregend wie seine Ahnen. Aber es sollte noch Schlimmeres folgen.

Der zweite und dritte Earl waren in ernsthafte politische Intrigen verwickelt. Der vierte, der starke jakobitische Neigungen hatte, wurde 1744 wegen Hochverrats verhaftet – verraten vom eigenen Sohn und Erben, der dann

fünfter Earl wurde. Dieser Opportunist hatte eine Schwäche für Alkohol, verschleuderte buchstäblich das Geld und leitete so den rasanten Sturz der Familie in den Bankrott ein. Der sechste Earl, Richard Barry, erbte den Titel 1751, als er gerade sechs Jahre alt war. Er wurde zum Spieler und Betrüger und starb bereits mit achtundzwanzig Jahren. Er wurde in Eton und Oxford erzogen und verbrachte die meiste Zeit im Ausland. Während seiner Herrschaft brannte 1771 das Schloß ab.

Die Kinder des Earls wurden schon in jungen Jahren zu Waisen. Sie wuchsen in England auf und wurden von ihrem Vormund in unverantwortlicher Weise verzogen. Der Älteste, Richard, der siebter Earl werden sollte, erbte das Familienvermögen und soll bereits während der Schulzeit 1000 Pfund Taschengeld erhalten haben. Zusammen mit seinen Brüdern Henry und Augustus befreundete er sich mit dem damaligen Prince of Wales, dem späteren König George IV., der diesen drei unverschämten und wilden Burschen passende Spitznamen verlieh: Richard wurde *Hellgate* (Höllentor), Henry, der einen Klumpfuß hatte, *Cripplegate* (Krüppeltor) und Augustus *Newgate* (Neutor) genannt. Ihre Schwester Caroline wurde wegen ihrer außergewöhnlich deftigen Sprache nach dem berühmten Londoner Fischmarkt *Billingsgate* gerufen. Der bedeutendste satirische Karikaturist dieser Zeit, James Gillray, machte die drei Brüder als *Les Trois Magots* (Die drei Stumpfschwanzaffen) unsterblich. Die Gesellschaft war schokkiert und entsetzt über ihr unverschämtes Benehmen. Richard, dem man Genie, Wissen und Witz nachsagte, wollte Schauspieler werden, brachte es aber fertig, 300 000 Pfund zu verschwenden, bevor er mit vierundzwanzig Jahren bei einer Schießerei zu Tode kam. Henry, der achte und letzte Earl, starb 1823 in Frankreich bei einem Anfall.

Im Schloß soll der mitleiderregende, flehende Geist eines jungen Mannes spuken, der Opfer des sadistischen Humors eines der Earls wurde. Eine Arbeiterin vom Gut soll eines Tages den Earl zufällig getroffen haben, der sich nach dem Wohl ihrer Kinder erkundigte. Sie sei besorgt um einen ihrer Söhne, erzählte sie ihm, er wäre in schlechte Gesellschaft geraten und bliebe bis in den frühen Morgen außer Haus. Der Earl meinte, sie solle ihn diesen Abend aufs Schloß schicken, damit er mit ihm rede. Das tat sie, aber als es Mitternacht schlug und der Sohn noch nicht zurückgekehrt war, dachte sie, er hätte wieder nicht gehorcht und wäre wie gewöhnlich zu seinen Freunden gegangen. Darum ging sie zum Herrenhaus, wo ihr ein Bediensteter bestätigte, ihr Sohn sei schon lange angekommen. Dann erschien der Earl und versicherte ihr, sie würde keine Probleme mehr mit ihrem Sohn haben. Er forderte sie auf, mit ihm zu den Ställen zu gehen, wo sie zu ihrem Schrecken ihren Sohn tot hängen sah. Sie verfluchte den

Earl und prophezeite, daß ein großes Feuer Schloß und Familienvermögen zerstören würde. Dieser Fluch erfüllte sich 1771.

Das Feuer brach aus, als zwei umherziehende Kesselflikker, Andy Hickey und sein Lehrling Lewis, Regenrinnen auf dem Dach reparierten. Man hatte sie zu Imbiß und Bier heruntergerufen und in der Eile ließen sie den glühenden Lötkolben auf einem Balken liegen. Als sie aufs Dach zurückkamen, brannte es schon. Sie hätten das Feuer leicht löschen können, liefen aber aus Angst um ihr Leben eilig fort. Eine große Zahl der Dorfbewohner sah die Flammen und rannte zum Gebäude, um zu helfen. Doch der englische Hausmeister, der das Feuer noch nicht bemerkt hatte, ließ sie nicht herein, im Glauben, sie wollten sich am verhaßten Gutsherren rächen. Die Glut soll drei Monate lang geschwelt haben. James Healey schreibt in seinem Buch *The Castles of County Cork,* man habe nie mehr eine Spur von Hickey gefunden, aber Lewis habe sich als Perückenmacher in Templeruane beim Friedhof niedergelassen und einen Totenschädel als Modell benützt. Er wurde einhundertundsiebzehn Jahre alt.

Man zeigte mir das Mausoleum der Barrymores auf dem unheimlichen Friedhof des Dorfes Castlelyons. Über der Erde steht das eindrucksvolle Denkmal für den vierten Earl, aber das Eisentor darunter war aufgebrochen und man konnte die zertrümmerten Särge anderer Familienmitglieder und ihre Skelette über den Steinboden verstreut sehen. Ich vermute, daß diese abscheuliche Störung der Totenruhe eher aus Rache als in der Hoffnung auf versteckten Schmuck oder andere Wertgegenstände unternommen wurde. Eine erschreckende und bizarre Wendung einer geradezu wahnwitzigen Geschichte ...

Mauerrest des ursprünglichen Schlosses von Castlelyons

Beckets Ermordung: Skulptur am Gemäuer von Toddington Manor

Toddington Manor

Gloucestershire, England

Thomas Becket wurde 1170 in der Kathedrale von Canterbury von vier Rittern ermordet, die aufgrund der Drohungen Henry II. handelten. Einer dieser Ritter war William de Tracy, dessen Stammbaum bis zu Karl dem Großen zurückgeht. Immer war umstritten, von welcher Linie der Adelsfamilie er abstammte; entweder von den Tracys aus Devon – und es gibt viele Sagen über seinen Geist, der in jener Grafschaft zahllose Reuetaten vollbringen soll – oder aber von den Tracys aus Gloucestershire, die Ländereien in Sudeley und Toddington besaßen. In seinem kenntnisreichen Buch *The Sudeleys – Lords of Toddington* neigt der jetzige Lord Sudeley eher zu letzterem. Wenn man sich heute Toddington Manor nähert, kann man die Schuld der Geister der Vergangenheit innerhalb der geheimnisvollen Mauern dieses verlassenen Meisterwerks gotischer Kirchenbaukunst beinahe spüren.

Charles Hanbury, der erste Lord Sudeley, baute es 1820 und ersetzte damit ein früheres Herrenhaus der Tracys, die hier ununterbrochen beinahe tausend Jahre lang lebten. Für ihn gab es keinen Zweifel an der Schuld seiner Familie. Er ließ sogar eine künstlerische Nachbildung des Mordes über dem Haupteingang anbringen. Den Rest dieses phantastischen Gebäudes stattete er mit schreckenerregenden Figuren und grotesken Wasserspeiern aus, die heute hinter dichten Spinnennetzen geradezu teuflisch hervorstarren. Unter diesem Haus des Schreckens mit seinen unheimlichen Sälen und prächtigen farbigen Glasfenstern soll es eine Vielzahl geheimer Gänge geben. Der vierte Earl machte bankrott und war gezwungen, 1901 den Besitz zu verkaufen. Danach wechselte Toddington Manor mehrere Male den Besitzer, bevor eine vornehme arabische Schule einzog. 1985 wurde das Haus endgültig sich selbst und dem Verfall überlassen.

Einheimische erzählen von der alptraumhaften Figur eines Menschen – halb Fleisch, halb Skelett –, die eines Nachts zwei Räubern eine solche Angst eingejagt haben soll, daß sie vom Grundstück flohen. Der Sage nach soll Sir William Tracy während eines Kreuzzugs ins Heilige Land das faulende Fleisch von seinen Knochen gerissen haben und an Lepra gestorben sein. Dieses Herrenhaus ist ein Zeugnis für ein verfluchtes Geschlecht, ein einzigartiges Monument des Grauens.

Danksagung

Den folgenden Personen gebührt Dank für ihre Hilfe und Anregungen: Elizabeth Hickey, Joshua Freiwald, Michael und Eileen Casey, Jessica Berens, Emma Foale, Lachie und Nicky Rattray, Peter und Mide Gerrard, John Colclough, Brendan und Alison Rosse, Cornelia Bayley, Bob Parsons, Michael Clayton, Eva Gore-Booth, Sandra Colclough, Frau Evelyn Clarke, David Wrench, Stephanie Sutton, Peter Bartlett, Christine Strang, Roger Farnworth, Richard und Brian Adams, Herr und Frau Charles Kerton, Gilbert und Eva Webb, Frances Watkins, Jan Becket, Herr und Frau Anthony Emerson, Pauline Blackie, Lillias Adlerchon, Bessie Wilkinson, George und Gerald bei „Photographics" in Chelsea sowie zahlreichen Bibliothekaren in Großbritannien und Irland.

Rummelplatz an der Strandpromenade von Whitby
in Yorkshire